SOY EL ESPECIALISTA DE LO EXTRAÑO

SOY EL ESPECIALISTA DE LO EXTRAÑO

DAKOTA FRANDSEN

Este libro está dedicado a mi ángel Starlight...
Mi faro de esperanza, mi llama eterna, mi
amada esposa.

A ti te prometo mi destino, la musa de cada
latido de mi corazón, el resplandor de mi
alma, el fuego que atraviesa las sombras. Tu
esencia es una fantasía hecha carne, un sueño
otorgado a unos pocos afortunados. Que en
tus sueños sientas mi presencia; que al
despertar, puedas sentir mis pensamientos.
Durante la noche te abrazo, imaginando los
días más brillantes que nos esperan. "Te amo"
no es más que un humilde tributo a la fuerza
que eres en mi vida, pero estas palabras apenas
captan la amplitud de mi adoración. Tu aura
divina me eleva; La dulzura de tu beso se
profundiza con el tiempo, uniéndome cada
vez más fuerte a ti. Diariamente me esfuerzo
por transmitir mi amor, y aunque puede
requerir un esfuerzo hercúleo para que
percibas tu propio esplendor como yo lo hago,
siento las bases para un legado que grabará
nuestra historia en los anales de la eternidad,
porque mi amor trasciende. tanto el tiempo

CONTENTS

Una carta del autor

ESTIMADO LECTOR,

No sé qué te hizo elegir este libro ni qué está pasando en tu vida en este momento. Honestamente, me he preguntado por qué lo publiqué. Estaba destinado a revelar algunos de los secretos más oscuros que jamás había guardado. Eran cosas que, literalmente, tenía demasiado miedo de compartir hasta ahora. He intentado compartir mi propia historia antes, de otras maneras: toma esas cartas de "Querido Kota" y conviértelas en más. Quería recordar los días que dieron forma a quiénes somos, compartir diarios personales y hallazgos de años de investigación.

Pero entre extraños fallos técnicos y mi propia reacción al estrés, lo perdí más veces de las que podía contar. Tal vez algún día haga un lanzamiento más completo, si alguna vez logro descubrir cómo mantenerlo todo en una sola pieza.

Algo (o alguien) borró todo lo que pudo alcanzar. Afortunadamente, tenía refuerzos para rescatar lo que pudiera. Pero tan pronto como me senté a contar más sobre mi extraña vida, algo me arrastró hacia otra aventura. Algunas personas realmente piensan que el título que llevo, "Especialista en lo extraño", es un poco de pretensión que yo inventé, pero en realidad fue acuñado como una broma que se le fue de las manos a un buen amigo y que se convirtió en algo mucho más grande.

La vida va de maneras divertidas, ¿verdad?

Ya basta de eso. Lo que importa ahora es por qué estás sosteniendo este libro y sobre qué necesito advertirte antes de que te sumerjas.

Mi nombre es Dakota Frandsen y mi vida ha estado repleta de cosas que la mayoría de la gente llamaría "sobrenaturales". Hay muchos días en los que desearía que no fuera así, momentos en los que desearía poder ser "normal". Por otra parte, cuando veo lo que la sociedad llama "normal" hoy en día, prefiero quedarme con lo desconocido. Me llamaron el "Especialista de lo extraño" porque lidiar con fuerzas más allá de este mundo se había convertido en mi segunda piel. Luché contra fantasmas, cacé monstruos, luché contra dioses e incluso tuve algunos encuentros bastante salvajes con seres de otros mundos. Sé que suena descabellado y no te culpo si eres escéptico. Honestamente, incluso con evidencia de algunas de estas experiencias, a veces cuestiono mi propia cordura. Es en parte la razón por la que el nombre de mi empresa, "Bald and Bonkers", se mantuvo, pero esa es una historia para otro día.

Incluyo esta nota como aviso. Aparte de censurar algunos detalles para proteger la privacidad de las personas, no voy a ocultar nada.

Parte de lo que leerás podría romperte el corazón y otra parte podría perseguir tus noches como lo hizo con la mía. Pero si realmente quiero comprender las realidades del mundo exterior, o cómo esos acontecimientos me transformaron en la persona que soy hoy, me veo obligado a compartirlo todo: lo bueno, lo malo, la alegría, el dolor, los sueños, y la pesadilla.

Mientras examinaba los recuerdos reprimidos de esta vida y de otras, surgieron muchas cosas para las que ni siquiera yo estaba preparado.

Quizás esta advertencia parezca dramática, pero he decidido publicar mis diarios tal como fueron escritos, con ediciones mínimas excepto por la privacidad de los demás. Estos discos están en bruto, sin filtros y escritos tal como me llegaron en ese momento.

He hecho todo lo posible para retener los detalles con la mayor precisión posible, pero la mente es algo frágil. He tenido la suerte de trabajar con algunos mentores que me ayudaron a ver a través de la niebla y a comprender por lo que pasé. Muchos de los nombres de especies extraterrestres, mundos y más se basan en lo que me enseñaron, ya que siempre he sentido que los términos genéricos de la Nueva Era no hacen justicia a la realidad que he visto.

No se trata de copiar la historia de nadie. Estas son mis experiencias, aunque algunas se superponen con otras. La gente me ha llamado el "Dean Winchester de la vida real" después de escuchar algunas de mis aventuras. Otros han intentado vincularme con sociedades secretas, probablemente porque he tenido la oportunidad de trabajar en proyectos importantes en libros, películas, televisión e incluso expediciones científicas.

Ha habido muchas teorías de conspiración que afirman que soy otra persona, alguna otra figura con una historia similar, y me llaman fraude. Es molesto, pero he aprendido a lidiar con ello.

Honestamente, es parte de la razón por la que me gusta mucho trabajar solo. Los matices religiosos, el ego y el drama son sólo un montón de basura que he logrado eliminar de mi vida. Lo que sucedió en 2024 realmente me hizo comprender cuán lejos me había desviado de mi camino. Pero nunca es demasiado tarde para corregir el rumbo. Confía en mí o no me creas, esa es tu prerrogativa, pero esta es mi historia. Espero que, en cierta medida, encuentres algo útil en él. Déjame advertirte de antemano: este viaje me conecta con algunos de los acontecimientos más oscuros de la historia. Incluso mencionar algunas de estas cosas ha puesto en peligro a mis amigos y familiares.

Considérate advertido... Pero más allá de eso, espero que estas entradas te ayuden a entender cómo funciona mi mente. Ha sido solitario; Sé que otros están teniendo sus propias luchas. Aunque nuestras historias puedan ser diferentes, la clave para salir adelante serán experiencias compartidas a través de las cuales nuevas ideas y soluciones surjan de nuestras propias historias. Quizás es por eso que los poderesEsto nos mantiene tan divididos. Pero tenemos el poder de tomar el control. Es estar sentados, esperando que alguien más nos salve, lo que permite que los corruptos tomen el poder en primer lugar. Así que aquí está mi contribución.

Con amor,

Dakota Frandsen

Especialista del Extraño / Intergaláctico Gigoló

Director ejecutivo de Bald and Bonkers Network LLC

Antes de ser "Dakota"

FECHAS INDETERMINADAS: HORA TERRESTRE ESTIMADA 1920 – 1995

Ubicación: Planeta Taalihara

Cuando era un adolescente en transición a la edad adulta, fui incluido en las fuerzas militares de Taalihara. Mi rango era bajo y se refería principalmente a tareas de patrulla y espionaje ocasional para monitorear posibles facciones rebeldes. Los Taal Shiar, que se cree que son extraterrestres humanoides, supuestamente ayudaron al Tercer Reich durante la Segunda Guerra Mundial. Durante una sesión informativa, se reveló que Maria Orsic recibió materiales a través de comunicaciones telepáticas con falsos pretextos, lo que llevó a la creación de supuestos ovnis nazis, armamento sofisticado y alianzas secretas forjadas justo antes de 1930. En la década de 1940, nos retiramos a lo que creo que era Antártida antes de abandonar la Tierra y regresar a nuestro mundo de origen.

Mi tiempo con los nazis desencadenó una sensación de duda sobre la misión y la búsqueda del poder. Me encargaron monitorear a los humanos y potencialmente infiltrarme en el equipo de seguridad de Adolf Hitler. Maté a hombres, mujeres y niños, justificando estas acciones como consecuencias de la guerra. Veía a los humanos como débiles, inferiores y fácilmente manipulables. A pesar de mis dudas, creía que estaba sirviendo a una causa adecuada.

Una noche, de vuelta en Taalihara, fui testigo de cómo un draconiano, probablemente un miembro de la realeza Ciakharr, arrinconaba a tres niños con la intención de matarlos. Abrí fuego con un rifle de plasma, probablemente hiriendo pero sin detener a la criatura. Les grité a los niños que corrieran, dirigiéndolos a una cápsula de escape cercana: una elegante nave de metal capaz de transportar a diez personas más suministros.

Cuando abordamos la cápsula de escape, el Draconiano nos persiguió, intentando morder a los niños. Me defendí con el rifle y logré pocos avances. Los gritos de los niños me hicieron darme cuenta de que tenía que matar al Draconiano para asegurar nuestro escape. La criatura golpeó la nave con sus puños, sacudiendo todo y a todos. Grité pidiendo una anulación para eludir los protocolos de seguridad que impedían el despegue debido a una obstrucción. Agarrando los cuernos de la criatura, le torcí el cuello, apuntando a lo que creía que era un punto débil. La nave despegó con la criatura atrapada en la puerta. Mientras su cuello se rompía, los ojos del Draconiano pasaron de la expresión de un reptil arrasador a una expresión humana, aparentemente agradeciéndome por acabar con su vida.

Envié una llamada de socorro a la Federación, temiendo represalias y dudando de la aceptación debido a mi afiliación con el Taal Shiar (Grupo Pleyadiano Renegado). Una mujer respondió, dirigiéndome a un puesto de avanzada para interceptar a los niños y ponerlos a salvo. Ella me ofreció refugio, lo cual acepté vacilantemente, pidiendo tiempo para regresar a Taalihara y rescatar a mi familia. La mujer entendió y me advirtió que se estaban difundiendo noticias sobre mis acciones canallas.

Regresé a casa y encontré una mezcla de pánico y confrontación. Algunos familiares me creyeron, mientras que otros siguieron la versión oficial. Mi madre, que encabezaba la oposición, me acusó de poner en peligro a la familia al salvar a los niños. Mi hermana estaba visiblemente desgarrada y mi padre finalmente calmó a todos, reconociendo mi difícil elección. Me instó a salir por la seguridad de todos. La mirada en sus ojos me rompió el corazón, pero parecía que él y yo teníamos la relación más cercana que todos los demás; un vínculo que sería atendido en otra vida... si entiendo cómo se desarrolló todo.

Antes de que pudiera escapar adecuadamente, fui interceptado y dejado inconsciente. Cuando desperté, me encontré atado a una mesa y con el torso abierto desde la base del cuello hasta justo encima de la entrepierna. Un científico draconiano hundió sus manos escamosas en mis entrañas y se dio cuenta de que estaba despierto. Su lenguaje era similar al de las grandes iguanas y a las recreaciones de un llamado de tiranosaurio. El tono y la melodía hormiguean en mi columna sólo de pensarlo. Una vez que el ser se dio cuenta de que estaba despierto, tuvo gran placer en torturarme; apretando mis pulmones con sus garras para que no pudiera gritar de dolor. Mi condición estaba demasiado comprometida para que cualquier sistema interno funcionara correctamente, pero me di cuenta de que mi captor estaba cantando mientras se clavaba en mi carne.

Sólo me soltaron cuando el sonido de una explosión distante resonó en las instalaciones. Las reverberaciones del sonido me dijeron que el edificio era de metal, posiblemente en algún lugar de un ambiente tropical. Vi como mi torturador miró en la dirección de la explosión, enojado por haber sido interrumpido, y se dio la vuelta. Simplemente me dejó allí, abierto como un animal en una carnicería, apenas aferrándome para salvar la vida. Podía escuchar una voz, posiblemente algún tipo de transmisión de radio, susurrándome que esperara porque la ayuda estaba en camino. Podía escuchar la conmoción, mi visión se volvió borrosa mientras aguantaba tanto como podía, pero en el momento en que vi que un hombre con un uniforme azul claro me encontró, supe que estaba salvo. No pude evitar dejarme llevar por el momento, simplemente estaba feliz de ver a alguien humano.

Al regresar al puesto de avanzada de la Federación, me dieron tiempo para procesar la terrible experiencia. Mis tareas alternaban entre médico/ científico de campo y espionaje, gracias a mi formación en Taal Shiar. yo también paparticipó en el programa Starseed, parte de los esfuerzos de envío de la Federación.

FECHAS INDETERMINADAS

Ubicación: Puestos de avanzada de la Federación Galáctica de Mundos

Durante mi mandato en la Federación, me casé con una mujer T'Ashkeru llamada Iveena, que provenía de Nyan, un planeta cerca de Sirio B. Ella dejó su hogar para unirse a la Federación Galáctica de Mundos (GFW) debido a la creciente influencia de Nebu. . Rápidamente nos unimos a través de nuestros orígenes compartidos y descubrimos que nuestras familias probablemente se conocían a través de actividades relacionadas con el trabajo.

Iveena era más alta que la mayoría de las mujeres de su mundo, medía casi seis pies de altura. Tenía el pelo largo y rubio, pómulos prominentes y un mentón puntiagudo. Su cabello rubio y sus hipnóticos ojos azules la hacían casi parecerse a una mujer asiática alta. Ciertos aspectos la hacían parecerse a un personaje de manga japonés.

Ambos nos alistamos en el programa de enviados, a veces compartiendo despliegues y otras veces alternando tareas. Con frecuencia visité a Iveena durante su despliegue como enviada en la Tierra para asegurarme de que estuviera bien y que la trataran bien. Recuerdo haberme acercado a ella en momentos de angustia, cumpliendo nuestra promesa de cuidarnos siempre unos a otros.

Un incidente importante motivó mi vigilancia. Durante una expedición científica, las instalaciones donde trabajábamos Iveena y yo fueron emboscadas por seres anfibios, posiblemente experimentos híbridos de Ciakharr. Yo estaba en otra parte de las instalaciones cuando ocurrió el ataque. Aunque logré ponerme a salvo, Iveena resultó herida y le abrieron el abdomen. Milagrosamente, la criatura no dañó a nuestro feto. Estábamos tratando de formar una familia y estuvimos peligrosamente cerca de perder a nuestra hija mayor. Al regresar a la nave nodriza, me enteré de la herida de Iveena. Una colega me informó que la habían salvado a ella y al bebé, pero necesitaba llegar hasta ella de inmediato.

Al escuchar la noticia, corrí a su lado, casi rompiendo puertas y paneles de acceso en mi prisa. Iveena fue la razón por la que me alisté; Me había enamorado de ella, tal vez habiéndola conocido en vidas anteriores. Estábamos muy cerca de formar una familia y la idea de perderlo todo era insoportable. Cuando la encontré, estaba saliendo de una cápsula médica que había restablecido su condición física. Me apresuré, la abracé con fuerza y le pedí disculpas por no estar allí. Aunque ella le devolvió el abrazo, su agarre era débil: algo todavía andaba mal.

Iveena preguntó por el bebé y le aseguré que nuestra hija había sido salvada y trasladada a una unidad de incubación para su adecuado desarrollo. Si bien la tecnología médica había curado sus heridas físicas sin dejar cicatrices, el costo mental estaba más allá de la capacidad de cualquier máquina. Iveena se sintió abandonada durante el momento de necesidad para ella y el bebé. Un amigo cercano había garantizado su seguridad y nos había apoyado, pero el único alivio verdadero para ella era el próximo despliegue de un enviado. Necesitaba tiempo lejos de la guerra y de nosotros para pensar. A pesar de la angustia, tuve que dejarla ir, dejándome criar a nuestra hija en los sistemas escolares de GFW hasta que Iveena regresó y yo fui a mi propio despliegue.

Las complejidades del viaje en el tiempo hacen que establecer esta línea de tiempo sea un desafío.

HORA ESTIMADA DE LA TIERRA: ENTRE FINALES DE LOS 80 Y PRINCIPIOS DE LOS 90

Ubicaciones: Federación Galáctica - (Posiblemente) El Excelsior - El último rescate

Recuerdo una última misión de rescate antes del despliegue de mi último enviado. Nuestro equipo se reunió rápidamente en una pequeña nave que se ocultó mientras descendíamos de una nave nodriza en la órbita de la Tierra.

Volamos rápidamente hacia una zona al sur de los Grandes Lagos, probablemente Indiana. Nuestro barco flotaba sobre una casa blanca de estilo colonial. Otro agente masculino y yo desembarcamos, camuflados e indetectables por los sistemas de radar.

La casa tenía dos pisos de altura y el entorno sugería que la misión tuvo lugar entre finales de los

80 y principios de los 90. Surgieron dos Grises altos, cargando a una niña pequeña, una niña de no más de tres años, con cabello castaño y un pijama rojo brillante, posiblemente un regalo de Navidad. One Gray pasó su dedo por el cuerpo de la niña, incluso debajo de su ropa. Estaba listo para intervenir, pero la mano de mi colega en mi hombro me recordó que mantuviera la calma.

Nuestra tecnología de camuflaje respondió a nuestras intenciones y perder el control podría haber comprometido la misión. Aunque estábamos bien entrenados, nuestros problemas individuales a veces afectaban nuestros estados emocionales. Era crucial controlarse mutuamente durante las operaciones para garantizar el éxito. Nada nos enojó más que ver cómo lastimaban a un niño inocente.

No podíamos atacar a los Grises en la calle sin llamar demasiado la atención y violar la jurisdicción. Nuestra misión era rastrear su barco, obtener acceso a sus registros y rescatar a más niños.

Los Grises revelaron su nave, lo que nos permitió etiquetar su firma y rastrearla cuando abandonó la Tierra. Fuera de la atmósfera del planeta, tendimos una emboscada a su nave, casi matando a los Grises en el proceso. Rescatamos a la niña y recalibramos su implante a nuestros canales. Ella era parte del programa de enviados, objetivo de los Grises para experimentación, destinado a corromper a s.Tarseeds desde dentro: una estrategia de caballo de Troya.

Llevamos a la niña a dar un paseo para calmarla antes de borrarle la memoria y regresarla a casa. Mientras reflexionaba sobre la misión a bordo del Excelsior, se me acercó (censurado) un hombre alto, rubio y de rasgos nórdicos, a quien consideraba a la vez un hermano de armas y un líder. Ahel Pleiadian, uno de los muchos grupos hacia los que Taal Shiar casi tenía prejuicios. Fuera de servicio, era relajado y afectuoso, con talento para el canto. Visitaba con frecuencia a una joven terrestre, una enviada que se preparaba para una gran revelación. Ella era suya como su hermana, -censurada-, y su motivación.

-censurado- preguntó por mi opinión. Expresé preocupación por la joven que habíamos rescatado. -censurada- me aseguró, riendo entre dientes, que la volvería a ver. Colocó tres dedos en forma de triángulo contra mi frente, preparándose para suprimir mis recuerdos de participación galáctica para la transición del enviado. Entendí el proceso pero insistí en recordar al niño y a otros que habíamos salvado, ya que era mi motivo para unirme a la Federación. -censurado- sonrió y dijo: "Solo recuerda el alce", antes de guiñar un ojo.

HORA ESTIMADA DE LA TIERRA: EN ALGÚN LUGAR ANTES DE 1996

Ubicación: Federación Galáctica - Programa de Enviados Stasis Bay

Hubo conversaciones, más exactamente sesiones informativas, que detallaban el próximo despliegue de un enviado. Mi esposa estuvo presente, tanto como apoyo emocional como para ayudar con cualquier detalle de último momento. Tuvimos un período de transición para ayudarla a readaptarse a la vida intergaláctica y para que yo pudiera atar los cabos sueltos. Durante la mayor parte de la sesión, me sentí escuchando a medias, preocupado por los pensamientos de mi esposa y nuestras discusiones sobre cómo formar una familia.

También se encontraba allí otro individuo, parecido a un reclutador militar. Tenía la piel más oscura, cabello casi negro y vestía un uniforme gris oscuro. Parecía humano, con un rostro delgado y algo alargado. Su función era abordar cualquier inquietud que tuviera sobre la asignación del enviado.

Los puntos clave discutidos incluyeron:

- El cuerpo que iba a habitar tenía una fuerte predisposición a lo que los humanos llaman "habilidades psíquicas", atribuidas a un linaje predominante.

- Estas "habilidades" inicialmente se activarían por un trauma y luego ocurrirían en momentos aleatorios.

- Uno de los objetivos de mi misión era comprender cómo la gente podía caer tan fácilmente bajo un gobierno tiránico y abusivo.

- Otro objetivo era servir como "guerrero" en la Tierra, aunque no estaba alistado en ningún organismo militar o gubernamental a título oficial.

- Dado nuestro deseo de formar una familia, el momento de las operaciones en la Tierra parecía favorable.

- Muchas civilizaciones humanoides fomentaron las relaciones interplanetarias, una práctica común destinada a promover la cooperación diplomática y ayudar a las generaciones futuras a prosperar en su entorno.

- El momento se refería a que la Tierra entraba en sus primeras etapas para convertirse en una sociedad interplanetaria, pasando de los viajes espaciales reservados para las élites y aquellos atrapados en operaciones de tráfico.

- Los primeros pasos de la gran introducción, cuando se permitiría a los extraterrestres más parecidos a los humanos mostrarse públicamente, se habría fijado para 2025.

- Mi nuevo cuerpo sería monitoreado de cerca por GFW y probablemente por Grises asociados con Ciakharr.

- Otros miembros de la familia del lado paterno de mi cuerpo terrestre habían informado de posibles abducciones por parte de Grises, probablemente por hibridación.

- Personas de mi lado materno habían compartido detalles de avistamientos de ovnis, posiblemente relacionados con bases militares cercanas.

Una vez firmados los contratos necesarios, hubo un breve periodo para despedirme. Mi esposa y el reclutador estaban presentes cuando me llevaron a una cápsula de estasis blanca metálica.

La cápsula tenía pantallas en el costado, probablemente para monitorear mis signos vitales, y una abertura de vidrio. Mientras mi cuerpo estaba conectado a la máquina y un aparato respiratorio conectado a mi cara, recuerdo que lentamente fui quedando inconsciente mientras un líquido azul frío llenaba la cápsula. Vi las lágrimas de mi esposa y sentí el dolor en su corazón. Yo también comencé a llorar, pero mis lágrimas rápidamente se fusionaron con el gel que me rodeaba. Lo último que recuerdo es decir: "Te amo", mientras apoyaba mi mano contra el cristal. Mi esposa presionó su mano contra el cristal, alineándola con la mía, mientras me desmayaba.

Vida temprana como "Dakota"

FECHA(S): 18 Y 19 DE ENERO DE 1996

Ubicación: Tierra - Twin Falls, Idaho - Centro médico regional Magic Valley

Poco después de perder el conocimiento, experimenté un rápido destello de varias imágenes y eventos, como si estuviera recibiendo una descarga de recuerdos de innumerables vidas reproducidos a súper velocidad. Estos recuerdos no se sentían como experiencias personales sino como si estuvieran siendo recibidos. Algunos de los eventos parecían ser del futuro.

Los recuerdos más recientes fueron más fáciles de identificar a través de viejas fotografías familiares, incluidas las fechas en las que estuvieron mis padres y abuelos, y posibles historias de abuso discutidas en conversaciones sobre familiares separados.

Los recuerdos más antiguos son más especulativos. Estos incluían un posible sacrificio de niños, una redada por soldados alemanes y una posible experimentación por parte de los grises.

La "descarga" (a falta de una palabra mejor) terminó con un destello de luz brillante, que probablemente significa mi nacimiento. Recuerdo breves fragmentos de la sala de partos con azulejos azul pálido y una luz cegadora. Nací el 19 de enero de 1996, alrededor de las 5:30 pm hora de la montaña, mediante cesárea de emergencia debido a una hemorragia posparto. Fui el primer hijo de mi madre, nací con un peso de 12 libras y 4 onzas y ya sostenía la cabeza en alto. Aparte de una neumonía leve, era un niño sano, sólo que más grande de lo esperado.

FECHA: NOVIEMBRE DE 1997 ESTIMADO

Ubicación: Tierra - Estados Unidos - Idaho
Mi primer episodio "psíquico"

Esta es una historia de la que sólo tengo fragmentos, pero es una que mis tías (las hermanas de mi padre) contaban con frecuencia. Mis padres nunca estuvieron casados, por lo que me sometí a acuerdos de custodia compartida. Mientras estaba con mi padre y mi madrastra, me acerqué a mi madrastra, puse mi mano sobre su estómago y le dije: "Mi hermanita está aquí".

Al día siguiente, mi madrastra visitó al médico porque no se sentía bien. Una prueba de embarazo confirmó que era positiva. Mi hermana -censurada- nació el 20 de junio de 1998.

Para referencia posterior, mi capacidad de proporcionar un "ultrasonido psíquico" se convirtió en una forma de "probar" mis habilidades. Tengo siete hermanas (seis comparten el mismo padre) y dos hermanos (ambos comparten el mismo padre). Todos son medio hermanos. Yo también soy el mayor. Incluyendo a los medios hermanos de mis medios hermanos, hermanastros, etc., el número de nosotros aumenta a casi 50.

Vale la pena señalar que entre mis hermanos, soy el único con una extensa historia en torno a lo sobrenatural. Mientras que otros han tenido experiencias, en su mayoría con espíritus potenciales, ninguno me ha revelado si ellos también tuvieron posibles encuentros extraterrestres.

ABRIL DE 1999

Ubicación: Aurora, Colorado

Mi familia había decidido hacer un viaje por carretera a Colorado para visitar a mi tío y su esposa. Mientras crecía, mis tíos (los hermanos de mi madre) a menudo eran como mis propios hermanos mayores, y éste fue el divertido que me enseñó lo que sé sobre computadoras. Durante nuestra estancia, hubo un solo día de tensión tensa... como si algo importante estuviera pasando. Recordé haber visto coches de policía pasar corriendo por el complejo de apartamentos donde vivía mi tío y, naturalmente, sentí curiosidad por saber qué estaba pasando. Fue entonces cuando comencé a verme aparentemente volando por el aire para seguir a los autos y escuchando fuertes golpes desde el interior del gran edificio. Me acerqué más, pero algo me retiró de nuevo a mi cuerpo.

A la edad de tres años tuve mi primera experiencia de visualización remota. Fue tan natural para mí que no tuve que forzarlo. Pero el incidente que provocó esta secuencia de acontecimientos fue algo que ningún niño debería presenciar... la masacre de Columbine. No comprendería que esto fue de hecho lo que presencié durante años... no es que haya alguien a quien realmente pueda consultar sobre cómo procesar un evento en el que técnicamente ni siquiera estuve presente.

FECHA: NOVIEMBRE DE 1999 ESTIMADO (SEGÚN REGISTROS JUDICIALES)

Ubicación: Tierra - Estados Unidos - Idaho

A la edad de tres años, mi madrastra intentó resolver las disputas por la custodia entre mi madre y mi padre apuñalándome en la nuca con un bolígrafo.

Mi padre era posesivo y él, junto con otros miembros de ese lado de la familia, denunciaba con frecuencia a mi madre por sospecha de abuso. Todas las afirmaciones eran infundadas. Los intentos de mi madre de denunciar a mi padre fueron en gran medida ignorados, al menos según lo que me dijeron, aunque la fiabilidad de esta fuente es cuestionable. La custodia era compartida.

Una noche, mientras estaba en casa de mi padre, él pronto saldría del trabajo. Mi hermana menor, -censurada-, y yo estábamos en la sala viendo la televisión. Mi madrastra tomó -censurada-, presumiblemente para prepararla para ir a dormir. Momentos después, sentí un dolor agudo en la nuca.

Tuve brevemente una visión de un vacío oscuro, débilmente iluminado por una fuente de luz de color rojo anaranjado. Apareció un ser alto y amenazador con piel gris áspera y ojos de reptil. En ese momento, para mi edad, parecía una especie de "hombre dragón". Se arrodilló y me habló sin mover los labios. El color de su piel pudo haber sido alterado debido a las llamas. Su voz era profunda y ronca, casi g.remando. Afirmó que el mundo era corrupto y que no se debería permitir que personas como mi padre y mi madrastra siguieran lastimando a otros. Se ofreció a ayudarme a defenderme, incluso a matarlos, si trabajaba con él.

La tentación era fuerte, pero otra voz, más humana y afectuosa, intervino presa del pánico. Sin dudarlo, supe que debía confiar en él mientras gritaba: "Dakota, no lo escuches. Defiéndete".

Dejé escapar un grito de guerra, de alguna manera materialicé un garrote en mis manos y golpeé al alto ser naranja en la cabeza. Sorprendido y enfurecido, el ser estaba a punto de tomar represalias cuando fui transportado en un destello cegador. Vislumbré los brazos de una figura alta y gris con alas hechas de energía en lugar de carne y plumas.

Regresé al dormitorio cerrado. La voz cariñosa susurró: "Mantente fuerte, siempre te estamos cuidando".

Lo siguiente que recuerdo es que los agentes de policía me escoltaron afuera. Intenté explicarles que sólo me estaba defendiendo, pero no podían creer que un niño de tres años pudiera hacer algo así. Ignoraron todo lo que mi madre y yo dijimos. Fue mi abuela, la madre de mi mamá, quien señaló la marca del bolígrafo en mi nuca.

FECHAS: 2000 - 2003 ESTIMADO

Ubicación: Tierra - Estados Unidos - Idaho

Hubo varias noches en las que "soñaba" con estar a bordo de una nave espacial, ver ovnis en el cielo y hablar con gente extraña con extraños uniformes de varios colores. Muchos de ellos eran humanoides; aunque había otros que se parecían a mantis, Egaroth y varios otros.

FECHA: AGOSTO DE 2000 ESTIMADO

Ubicaciones: Tierra - Estados Unidos - Idaho

Cuando tenía cinco años, mi madre empezó a mostrar signos de embarazo. Pronto se casó con mi padrastro -censurado-. Una vez más predije que esta niña era una niña que se convertiría en mi hermana menor -censurada-. -censurado- y mi madre se divorciaría el 10 de septiembre de 2001. El matrimonio sólo duró unos tres meses.

FECHA: 10 DE SEPTIEMBRE DE 2001

El divorcio de mi madre del padrastro. Lo tomo como un "evento de referencia" para ayudar a mantener la precisión en la línea de tiempo. Dado que no era muy bueno para llevar registros y realmente no reconocí estos eventos hasta más adelante en la vida, la brecha obvia hace que los detalles queden oscurecidos.

Pero el día antes de los ataques del 11 de septiembre contra el World Trade Center, se finalizó el divorcio de mi madre y mi padrastro. Vivíamos con mis abuelos después de que él nos echó, sin saber que mi madre estaba embarazada de su hija en ese momento.

FECHA: 12 DE MARZO DE 2002

Nació hermana -censurada-

Fecha(s): Se estima desde verano hasta posiblemente principios de otoño de 2002.

Ubicación: Tierra - Estados Unidos - Idaho - Jerome → Naves espaciales → Murtaugh

Una noche, en la casa de mi madre en Jerome, Idaho, me acosté alrededor de las 6:00 o 6:30 p.m. La fecha exacta no está clara, pero el suceso sigue siendo inexplicablemente extraño. Cuando desperté, estaba oscuro y mi madre se había acostado. Unos seres altos y grises, conocidos como X5, me rodearon. Quería gritar pidiendo ayuda pero no podía moverme cuando uno de los seres me arrojó sobre su hombro. Cuando me sacaron de la habitación, vi a dos grises más vigilando a mi madre, que parecía sonámbula. Intenté llamarla, pero no se me escapó ningún sonido. Debió haber escuchado mis gritos iniciales porque la habitación estaba iluminada por una siniestra luz azul, acompañada de un zumbido electrónico. Ella vio que me llevaban pero, con un gesto de la mano de uno de los seres, volvió a quedarse dormida. Recuerdo haber levitado por el techo, todavía intentando gritar pidiendo ayuda.

La nave a bordo en la que me llevaron parecía plateada, pero parecía mezclarse con el cielo nocturno, probablemente como medida de camuflaje. Vi mi casa encogerse a medida que ascendíamos. Una fuerza me dejó en un estado de insensatez mientras me desnudaban y me colocaban sobre una mesa con varios instrumentos preparados para su uso. Me desasociaba, sabiendo que estaba en peligro pero creyendo que nadie podría salvarme. Vi hologramas de otros Grises, de apariencia más siniestra. Más tarde supe que se trataba de Maytra, una raza considerada parásitos hostiles por el resto de la galaxia. El Maytra parecía estar comunicando órdenes al X5, pero sus transmisiones se cortaron cuando algo embistió la nave. Cuando los seres comenzaron a usar sus herramientas, el barco fue emboscado por un grupo de tres individuos con trajes protectores.

El barco se balanceó y los grises gritaron de pánico. En medio del caos, me recuperaron rápidamente y me llevaron al barco de mis rescatistas. Una mujer alta y rubia permaneció cerca de mí durante la terrible experiencia. Su cabello era rubio dorado, sus ojos de un azul brillante y vestía un uniforme ceñido de color verde azulado. Me recordó al personaje de anime Sailor Moon, aunque no me familiarizaré con el programa hasta más tarde.

Le pregunté a la mujer quién era y por qué me resultaba familiar. Su voz era tranquilizadora y había un suave brillo en sus ojos. Con una sonrisa, me dijo que éramos muy buenos amigos desde hacía mucho tiempo. Ella parecía conocer cada pregunta que pasaba por mi mente sin que yo dijera nada. Agarró mi ropa y me llevó a una mesa, pidiéndome queacostarme para que ella pudiera comprobar si estaba herido. A pesar de ser nuestro primer encuentro, confiaba completamente en ella.

Los metales del barco tenían un tono azul, reflejando la vista fuera de la ventana delantera. Una silla metálica se levantó del suelo y la mujer me animó a sentarme en ella. El metal se adaptó a mi cuerpo, sintiendo cosquillas. Me senté detrás de otras dos sillas, las tres formando un triángulo, lo que me permitía ver la Tierra a través de la ventana delantera. Instantáneamente hipnotizado, noté a un hombre alto, musculoso, con cabello rubio y un uniforme azul oscuro sentado en uno de los asientos, que parecía estar a cargo.

Le pregunté al hombre y a la mujer sus nombres. El hombre se rió y sonrió. La mujer, con los ojos brillantes, habló sin mover los labios: "Soy Olivia".

Olivia explicó que nos conocíamos desde hacía mucho tiempo y éramos miembros de un grupo que protegía a las personas de criaturas dañinas. La realidad de la situación me golpeó: quienes me llevaron eran extraterrestres. Mientras mi corazón se aceleraba, Olivia tarareó una melodía relajante. El hombre explicó que ninguno de nosotros era de la Tierra y que yo era parte de un proyecto para salvar a la gente de monstruos como los que me secuestraron. Una parte de mí se sintió emocionada al pensar en un grupo como los X-Men. Los dos parecieron entender la referencia al mirar dentro de mi mente.

Amablemente me llevaron a dar un paseo por el espacio y me mostraron primeros planos de la Luna, Marte y Júpiter. Después de unas horas, el hombre dijo que era hora de irse a casa. Me explicaron que tenían que hacerme olvidar el encuentro para mantenerme a salvo. Estaba molesto, no quería olvidar a mis salvadores ni lo que vi. Olivia me aseguró que regresarían cuando fuera mayor y que necesitarían mi ayuda. Ella habló en voz baja: "Siempre te estamos cuidando", antes de darme un abrazo y preguntarme si tenía alguna otra pregunta.

Pedí que me llevaran a casa de mis abuelos, sintiéndome más segura allí. Al principio dudaron y explicaron que no era culpa de mi madre. Pero yo era terca y Olivia convenció al equipo de que me dejaran en casa de mis abuelos, asegurándoles que regresarían a casa.

Recuerdo que Olivia me cargó y atravesé la ventana sin abrir que conducía a mi dormitorio. Mientras me ayudaba a acostarme, colocó tres dedos en mi frente para ayudarme a nublar mi cerebro y ocultar los detalles más extravagantes de mis aventuras de esa noche. Si ella me dio intencionalmente una dosis más baja, lo hizo por accidente o algo en mi mente ayudó a acceder a partes de estos recuerdos; No estoy seguro. Incluso con la confusión mental, podía recordar que me habían secuestrado, el equipo que me salvó. Lo más importante que recordaba eran los ojos de Olivia.

A la mañana siguiente me desperté sin saber cómo había llegado allí. Mis abuelos no tenían idea de que estaba allí. Minutos después de que me desperté, mi madre llamó gritando porque no podía encontrarme. Inmediatamente sospechó de mi padre, un escenario poco probable ya que estaba en la casa de sus padres, a cincuenta kilómetros de donde me acostaba.

FECHA: 19 DE AGOSTO DE 2002

Informe de incidente NUFORC: posible conexión

Tierra - Estados Unidos - Idaho - cerca de Twin Falls

Avistamiento de ovnis cerca de Twin Falls - 2002

Fecha: agosto de 2002

Hora: Aproximadamente a las 11 p.m.

Ubicación: cerca de Twin Falls, Idaho

Luces sobre el objeto: Sí

En agosto de 2002, mi esposo y yo nos embarcamos en la primera etapa de nuestro viaje de luna de miel, saliendo de Seattle por la mañana. Alrededor de las 11 de la noche decidimos buscar un motel en Twin Falls, Idaho.

A medida que nos acercábamos a Twin Falls, vimos señales de tráfico que indicaban que la ciudad estaba a sólo unas pocas millas de distancia. A pesar de ello, perdimos la salida y seguimos conduciendo durante una distancia considerable antes de darnos cuenta de nuestro error. Dimos la vuelta y volvimos.

Delante de nosotros, inicialmente pensamos que veíamos un avión en la distancia, pero su patrón de vuelo y velocidad parecían inusuales. A medida que la luz se acercaba, pudimos ver la parte inferior del objeto y ambos lo reconocimos inmediatamente como un OVNI. Las luces de la parte inferior giraban.

El objeto nunca se acercó lo suficiente como para que pudiéramos discernir su forma. Estacionamos al costado de la carretera y observamos cómo el objeto se movía por el cielo y finalmente desaparecía detrás de unas montañas. Luego reanudamos nuestro viaje hacia Twin Falls.

Al llegar a nuestro destino, confirmamos que efectivamente nos habíamos perdido Twin Falls y dos señales de salida. No estábamos siguiendo de cerca el tiempo, por lo que no podemos confirmar si faltaba algún tiempo. Sin embargo, sigue siendo un misterio cómo dos personas atentas pudieron pasar por alto dos señales de salida.

NOTA: Este informe correspondiente fue tomado del sitio web de NUFORC y de ninguna manera constituye un reclamo de propiedad. Los únicos cambios realizados fueron por motivos ortográficos y gramaticales. Elegí incluir esto porque el momento y el lugar me llevan a creer que esto está relacionado con una probable abducción que experimenté cuando era niño. Si por casualidad la pareja del informe ve esto, comuníquese con nosotros si puede.

Crecer y apuntar

Tierra - Estados Unidos - Idaho - Escuela Murtaugh → Boise

Viaje escolar a la capital del estado, Boise. Tuve un incidente en la Penitenciaría de Old Idaho donde vi una aparición colgada en el corredor de la muerte. Nadie me creyó, principalmente por mi culpa por pasar la mayor parte de mi tiempo tratando de asustar a las chicas de mi clase.

Mientras nuestro grupo hacía un recorrido por la prisión, subimos al segundo piso de la cámara de ejecución donde se exhibía la soga. Cuando el grupo empezó a salir, un hombre que estaba atado de muñecas y piernas caminaba hacia la soga. Vi cómo le aseguraban la cuerda alrededor del cuello y el suelo se abría debajo de él. El problema fue que la cuerda no estaba asegurada correctamente para romperle el cuello al hombre. Simplemente quedó ahí colgado, asfixiándose.

Intenté contar mi historia, pero nadie me creyó por las razones mencionadas anteriormente. Sin embargo, unos años más tarde, cuando Ghost Adventures pasó por la ciudad para su primera temporada, capturaron una aparición de una sombra en el corredor de la muerte, identificando al hombre como Raymond Snowden. A Snowden a menudo se le conoce como "Jack el Destripador de Idaho", sentenciado a prisión después de apuñalar violentamente a una mujer que se resistió a sus insinuaciones. Afirmó haber matado a otras tres mujeres, pero esto nunca fue probado. Snowden fue el hombre que vi.

PRIMAVERA DE 2004

Tierra - Estados Unidos - Idaho - Murtaugh → Twin Falls

Tuve que extirparme las amígdalas y las adenoides cuando tenía nueve años. Por alguna razón, las muestras de sangre desaparecían o se "acumulaban después de la recolección", lo que requería realizar más extracciones de sangre. Cuando más tarde tuve que ser llevado a un centro para padres en Boise por incidentes médicos separados, los médicos allí preguntaron por qué se haría en primer lugar.

El hospital de Twin Falls no tiene la mejor reputación, la instalación encubrió una serie de demandas. La mayoría de los procedimientos legales son manejados por las instalaciones matrices en Boise debido a la cantidad de demandas por negligencia que continúan acumulándose y ocultándose.

VARIAS OCASIONES, 2005-2006:

De repente, mi padre intenta establecer contacto, mientras lo enviaban a Irak. Poco después de los ataques del 11 de septiembre, mi padre se alistó en una rama local de la Guardia Nacional en uno de los pocos momentos en que tuve que decir que estaba orgulloso de que él fuera mi padre, y durante un tiempo lo estuve. Fui ingenuo y quería tener una relación con mi padre a pesar de incidentes anteriores. El único problema era que todavía estaba nervioso con mi madrastra, a pesar de que todos asumieron que había bloqueado por completo el incidente del cuchillo. ¿Cómo podría hacerlo cuando hasta el día de hoy mi inconsciente madre continúa mencionando el tema en conversaciones con extraños y lo redactó específicamente para hacerme sonar como un monstruo? Ah bueno, supongo...

Las conversaciones entre mi padre y yo se llevaban a cabo principalmente en línea a través de mensajería instantánea a primera hora de la mañana. Como -censurada- tenía edad suficiente para usar una computadora, a ella le ocurría lo mismo. Nadie se detuvo jamás para darse cuenta de que estaba haciendo todo lo posible para evitar a mi madrastra. Aproximadamente 6 meses después de su regreso del despliegue, mi hermana -censurada- nació... completamente adulta.

Las visitas a mi padre se hicieron más frecuentes, pero una oscuridad oculta parecía intentar captar mi atención. Mis habilidades comenzaron a aparecer, sabiendo que mi vida estaba potencialmente en peligro, haciendo que mi piel se sintiera incómoda tanto con mi padre como con mi madrastra. Constantemente sentía que necesitaba estar en alerta máxima, en caso de que tuviera que salir corriendo.

Debería haberme mantenido alejado, pero mi atención siguió volviendo a ellos a medida que nacían más hermanos en los años siguientes. Mis hermanos –censurados- nacieron, luego de que mi madrastra tuviera un supuesto aborto. También fue aproximadamente en este período cuando comenzó a tomar pastillas, que luego se señaló que eran ácidas. A medida que pasó el tiempo, me di cuenta de que el abuso parecía centrarse en Addison, llegando incluso a que mi padre la arrastrara a un dormitorio y fuera seguido de una serie de gritos. Mi madrastra no hizo nada para detenerlo. Fue después de esto que no quise tener nada que ver con mi padre a menos que estuvieran presentes testigos. Lugar público, solo los niños, o en casa de mi abuelo eran las condiciones que quería... claro que nadie escuchaba. Cabe señalar que mi madrastra solía decirles a mis hermanos menores que no le contaran a nadie el "secreto familiar" cada vez que iban a una reunión grande de personas. No lo entendí en ese momento, o si lo hice nunca obtuve respuesta y pronto olvidaría el asunto.

Tierra - Estados Unidos - Idaho - Murtaugh

Más encuentros sobrenaturales tienen lugar durante un terrible programa navideño al que me vi obligado a participar (nunca estuve realmente interesado en las actividades escolares). La mayoría aparecen como objetos extraños que aparecen en las fotos de mi abuela. En la mayoría de las fotos paranormales, se manifestaban orbes, pero eran muy inusuales. A diferencia de la mayoría de los orbes que eran reflejos de agua y polvo en el aire, estos tenían características que harían que los escépticos acérrimos consideraran la posibilidad de sucesos fantasmales. El primero era un orbe de color amarillo brillante, con una cara distorsionada en el medio y un rayo.llenando el "cuerpo". ¡El segundo era un orbe parcial verde con pies! La tercera era la sombra de uno de mis amigos mirando en dirección opuesta al resto del grupo. Desafortunadamente estas fotos se perdieron en el tiempo a pesar de mis esfuerzos por intentar rastrear lo que les sucedió.

Tierra – Estados Unidos - Idaho

Padre dado de baja del servicio, posiblemente deshonroso. El abuso sobre -censurados- empeora. Esta vez me mantuve alejado cuando recibí la indicación de que no surgirían más hijos a través de mis "fuentes", aunque revelaciones posteriores indicarían que mi madrastra tuvo más abortos espontáneos. Cabe señalar que los signos de actividades bastante oscuras que involucraban a muchas partes siempre fueron bastante claros, pero mi mentalidad un tanto ingenua en ese momento no fue capaz de procesarlo todo, incluso la mente que llevo a la edad de 22 años (cuántos años tenía). en el momento de esta adición inicial a esta lista) todavía lucha por comprender el conocimiento de primera mano de todo esto.

23 DE NOVIEMBRE DE 2006

Tierra - Estados Unidos - Idaho - Murtaugh → Twin Falls → Boise

Representación artificial de un ser sobrenatural que viene en ayuda

Gracias, mi vesícula biliar falló. Me quedaba con mis abuelos mientras mi mamá trabajaba. Aunque normalmente un día prácticamente estaría acechando la cocina, la mayor parte del tiempo dormía porque no me sentía bien y apenas podía comer un bocado de helado y un sándwich de pavo.

Esa noche tuve un dolor agudo en el costado, enfermándome violentamente por cualquier cosa que mi abuela intentara ayudarme. Me llevaron de urgencia al hospital, donde se consideró que tenía insuficiencia renal. Los médicos del hospital dijeron que mi caso era demasiado grave, pero el centro de padres en Boise estaría dispuesto a aceptarme.

Durante el viaje al hospital, entraba y salía del conocimiento en bicicleta. Recuerdo haber visto destellos de la descripción estereotipada de "Cielo", con mis parientes fallecidos mirando con otros mientras yo parecía entrar y salir. Estaban confundidos en cuanto a por qué estaba allí tan pronto, lo que solo los llevó a hacer preguntas con cierto pánico cuando me verían entrando y saliendo gradualmente.

El hospital de Boise verificó que estaba sufriendo insuficiencia renal. Mi vesícula biliar se había cerrado, infectando el resto de mi sistema. Consiguieron estabilizarme, pero dijeron que probablemente necesitaría cirugía para extirparme la vesícula biliar. Estuve en el hospital durante un mes para recuperarme.

A lo largo de la terrible experiencia, recuerdo que pasaban visitantes, además de familiares. Algunos eran parientes fallecidos que cruzaron, otros eran pacientes en el hospital que ya estaban muertos o cerca de él, otros pueden haber sido "familias estrella", tratando de ofrecer palabras de aliento y ayudar a estabilizar mi sistema desde su lado. Aparentemente la alteración en este recipiente físico se reflejó en mi otro cuerpo. Posible entrelazamiento cuántico. Mi alter ego/yo superior (como diablos lo llame la gente) parecía moverse desde el interior de la cápsula mientras se enviaban alertas de la perturbación.

19 DE ENERO DE 2007

Tierra - Estados Unidos - Idaho - Twin Falls → Boise

La cirugía para extirparme la vesícula biliar se trasladó a mi undécimo cumpleaños. Yo estaba en quinto grado. Recuerdo breves sueños de lo que ahora sé que es una nave médica similar al Excelsior, una nave nodriza alienígena vinculada al GFW. Parecía mayor de lo que era, veintitantos años. Y yo tenía pelo. Antes de la cirugía, una mujer se acercó y me explicó que enviarían a otros al hospital para vigilar mi cuerpo terrestre mientras se recuperaba. Una vez más, las muestras de sangre desaparecerían misteriosamente.

Hubo complicaciones durante la cirugía, exceso de hinchazón en el abdomen que hubo que extirpar. Parecía que si la cirugía no se hubiera visto obligada a cambiar las fechas, podría haber tenido serios problemas.

Mientras me recuperaba, durante un par de semanas más, recuerdo destellos de la bahía de la cápsula de estasis. Mi conciencia parecía cambiar directamente entre ambos vasos gracias al estado en el que me encontraba.

Las peleas en la escuela y en casa comienzan a llevar mi mente a lugares oscuros, dejando el suicidio como una opción. Por esa época, también me mudé con mis abuelos maternos, dejándome ir a la escuela con un grupo de personas bastante prejuiciosas que pensaba que eran amigos. Mis abuelos vivían en el pequeño pueblo de Murtaugh y yo pasé algún tiempo en mis años de escuela primaria creciendo allí. Mi mentalidad infantil e ingenua me hizo creer que estas personas eran mis amigos. La gente allí parecía amigable, pero en el momento en que descubrían que un individuo no era miembro de la iglesia local, ese individuo era tratado como un paria. Casi cualquiera que haya abandonado la zona podría respaldarme en esta afirmación.

El conflicto constante hizo que comenzara a planificar cómo terminaría con mi propia vida. En una cálida noche de otoño, decidí que era el momento. En mi dormitorio había un armario grande con barandillas de metal que parecía lo suficientemente resistente como para soportar mi peso. Había decidido que el mejor método para abordar esto era colgarme de la barandilla con un cinturón viejo. El armario en sí no era muy alto y yo siempre he sido alto para mi edad, por lo que el intento fue algoQué desafío. No quería que nadie me detuviera y traté de enmascarar cualquier ruido que hiciera para que pareciera que estaba teniendo una mala noche de sueño.

Para contrarrestar el desafío, coloqué una silla en un lugar donde mis pies pudieran tocarla lo suficiente para concentrar mi peso más hacia mi cabeza mientras colgaba. El plan era patear la silla hacia atrás y cortar el flujo sanguíneo. El cinturón se apretaría más hasta quedar privado de oxígeno... tal vez eso fue lo que lo desencadenó.

Sinceramente, no puedo decir si mi plan había funcionado o si la "intervención" había programado su llegada para detenerme; pero lo siguiente me asustó de todos modos. En lo que habrían sido mis momentos finales, algo hizo que mi cuerpo se congelara. Una luz azul brillante surgió de la nada, anulando por completo mis sentidos. La energía que emanaba era tan intensa que hizo que mi entorno desapareciera; dando la apariencia de que estaba flotando. Me tomé unos momentos para mirar a mi alrededor, ya que mis ojos eran las únicas partes de mi cuerpo que podían moverse y vi la luz bailar como si estuviera bajo el agua.

De repente apareció un hombre ante mí; su imagen se volvió borrosa. Me di cuenta de que tenía el pelo largo y castaño y vello facial, y vestía lo que parecía una túnica blanca. La vibra que recibía de su presencia era tranquila, amigable y preocupada por mi bienestar. Mis sentidos externos intentaron darme una indicación de que alguien más estaba cerca, pero mi atención se centró en lo que se estaba desarrollando ante mí para realmente darme cuenta. El hombre se acercó a mí y su imagen parecía más clara a medida que se acercaba. Pronto comienza a hablar. Sin juicios, sin críticas, sólo preocupación.

"Dakota, hay alguien aquí a quien debes conocer".

El hombre se hizo a un lado y reveló a una niña de aproximadamente cinco o seis años. Tenía el pelo largo y rubio, la piel algo bronceada y los ojos azules más brillantes que jamás había visto. Inmediatamente, me di cuenta de que la niña era pariente mía, ya que tenía un parecido sorprendente con mis hermanas. Las lágrimas llenaron sus ojos haciéndolos brillar como el océano en un maravilloso día de verano, enviando instantáneamente mi corazón a un profundo abismo cuando la sensación de culpa me venció.

Pero no fue su apariencia lo que me sacó de ese trance, sino lo que ella me dijo. Se acercó a mí, puso su mano en mi mejilla y gritó: "Papá, por favor no lo hagas".

Cuando la niña se inclinó para besarme en la mejilla, la visión desapareció y estoy de vuelta en el armario como si nada hubiera pasado. Intenté deshacerme de lo que había visto al irme a la cama, pero la imagen encontraría maneras de interferir en acontecimientos futuros. Su interferencia me llevó a darle el nombre de "Olivia Hope", después de que el nombre me fuera transmitido a través de experimentos "futuros" destinados a ayudarme a tratar de hacer contacto con ella para comprender lo que había presenciado.

PRIMAVERA DE 2009:

Después de algunas charlas con un interés amoroso y una reunión de "venir a Jesús" con uno de mis tíos, decidí volver a vivir con mi madre ya que Murtaugh no era el lugar para mí. Contenía respuestas sobre lo que necesitaba hacer para progresar. Mis pensamientos se centraron en encontrar a la madre de Olivia, pero para ello necesitaba intentar obtener respuestas de mi pequeña. Sabía la posibilidad de que estos intentos tuvieran paradojas temporales y cuán probable era que mi hija supiera que estaba bien; Tenía que intentarlo. La investigación en varios foros en línea y podcasts de radio reveló varios métodos posibles que podría intentar para establecer contacto; ya que mis experiencias anteriores demostraron la posibilidad de poderes psíquicos latentes.

El método con el que parecía más fácil trabajar era la escritura automática. Para los no iniciados, la escritura automática es una forma de canalización espiritual que permite que el "espíritu" tome el control de las manos del "canalizador" y le permitiría transmitir mensajes por escrito. Debo señalar que tal proceso puede ser fácilmente secuestrado por seres negativos, hacer tales experimentos puede ser muy peligroso, pero estaba lo suficientemente desesperado por respuestas.

Naturalmente, mi primer objetivo fue mi hija que aparentemente viajaba en el tiempo. Los experimentos para establecer contacto parecieron tener éxito, en su mayor parte. En cada sesión pude establecer que era ella y le pedí que respondiera algunas preguntas. La pregunta planteada para las sesiones era más o menos así (tal como fue recuperada de un viejo cuaderno que desenterré):

Estoy buscando hacer contacto con la niña que me salvó...

¿Es esta niña que se refirió a mí como "papá"?

Espíritu: "Sí"

¿Eres realmente mi hija?

Espíritu: "Sí"

¿Cuándo estarás aquí?

Espíritu: "2025" (*¿viaje en el tiempo? Esto fue antes de que se contemplara a los extraterrestres... luego, nuevamente, se supone que 2024 será cuando los extraterrestres de apariencia humana se revelen. Se alternaron diferentes sesiones entre los años 2024 y 2025)

¿Cómo te llamas?

Espíritu: "Olivia"

¿Cuál es tu color favorito?

Espíritu: "Verde"

¿Tienes hermanos?

Espíritu: "Sí. Un hermano, Michael.

Intenté formatear las preguntas para tener una idea general de la personalidad de mi hija, así como de lo que me podría haber reservado el futuro. CuandoFinalmente me armé de valor para preguntar el nombre de la madre de Olivia, sucedería una de dos cosas. O mi cabeza se llenaría con lo que sonaba como una interferencia de radio y perdería la conexión con ella, o Olivia diría que no podía revelar mucho en ese momento.

Pero, si no lo dejé claro antes, este no iba a ser nuestro último encuentro.

FINALES DEL OTOÑO DE 2010:

Investigar más sobre la actividad paranormal me llevó a tomar la decisión de realizar investigaciones paranormales, pero como apenas estaba en la escuela secundaria, no tenía otra fuente de financiación que los pagos ocasionales por cuidar niños, mi familia me repasaba cada vez que me frustraba por tener que cuidar constantemente a mis hijos más pequeños. parientes.

La investigación paranormal era un pasatiempo costoso, especialmente en la medida en que quería hacerlo, por lo que me vi obligado a esperar a recibir regalos de vacaciones y cumpleaños cuando cuidar niños no era tan fructífero. Comencé a comunicarme, a través de las redes sociales, con otras personas en el campo para comenzar a estudiar y obtener ideas sobre cómo formar mi propio equipo. Estaba formando la Paranormal Raider Force, algo que sobresalía de los llamados "investigadores serios".

Otras notas surgieron al ver varios programas paranormales en la televisión. Mi idea principal era ver los programas para obtener ideas sobre tecnología y métodos, y luego experimentar hasta tener una práctica adecuada. Funcionaría bastante rápido a mi favor, ya que usé el hecho de que la mayoría asumía que mi edad era casi el doble de lo que realmente era a mi favor. Un DJ de radio local me delató, pero para entonces la mayoría estaba lo suficientemente impresionada por lo que había construido por mi cuenta que mi edad no era una preocupación.

Esto fue reconfortante en muchos aspectos, ya que una de las cosas que motivó mi decisión de seguir esta vida, y tal vez construirme un nombre en torno a ella, fue el hecho de que esto ocurrió cuando mi padre fue encarcelado por agredir sexualmente a mi hermana. -. Como estaba cerca de ellos, me mantuvieron alejado de la investigación.

Sin embargo, esto no se resolvió sabiendo que mis hermanos estaban siendo colocados en hogares de acogida. Mi hermana menor en ese momento, -censurada- a quien aún no conocía, tenía solo seis meses. Mi mentalidad estaba tan sucia que Hatman, como lo apodan, apareció y se ofreció a cuidar de mi padre por mí. En parte sentí que él entendía mi confusión, pero rápidamente le dije que se fuera a la mierda. Este no sería el último de él.

ABRIL DE 2010:

Conocí a mi novia de la secundaria.

En primavera, a mitad de mi primer año, conocí a una hermosa chica en clase. La clase era Touchstones, se suponía que debía "ayudar" a los niños a descubrir cómo avanzar hacia los hitos importantes que se suponía que debíamos alcanzar en nuestra vida de adolescente y adulto joven. Al principio de la clase, me di cuenta de esta pelirroja tímida que normalmente se mantenía reservada. Su nombre fue -censurado-. Había tratado de pensar en una manera de toparme convenientemente con -censurado- (le di el nombre de Shandra en mi serie Los que caminan por todos los mundos) para poder encender la llama, pero nunca pude unir una hasta que el El maestro de esa clase nos asignó a ambos al mismo grupo para una obra de teatro. Se suponía que la parodia se asemejaría a escenarios sacados de un libro autodenominado de "autoayuda para adolescentes" destinado a enseñar mejores formas de reaccionar ante situaciones estresantes con las que cualquier persona promedio podría encontrarse en el día a día. A mi grupo le dieron una parodia destinada a representar a un imbécil cortando a alguien en el tráfico, lo que resultó en un accidente.

El grupo estaba compuesto por -censurados-, yo y algunos idiotas del aula. -censurado- por ser tímido, se mantuvo separado del grupo. Mientras los idiotas hablaban del sketch, me propuse presentarme ante ella para encender la llama. Ella trató de alejarse pero logré que se abriera. Lea las primeras entradas de Los que caminan por todos los mundos si quiere tener una idea de cómo terminó esa conversación.

Pronto ella se convertiría en la primera "paciente" que perdería. Nos metimos en un altercado cuando se unió un tercer miembro de nuestro grupo, convirtiendo la situación en un triángulo amoroso. No manejé bien la situación, ella se estaba acercando a alguien que estaba abusando físicamente de las mujeres y el solo pensamiento me revolvió el estómago.

23 DE ABRIL DE 2011

Tierra - Estados Unidos – Idaho - Murtaugh

Notado: La primera investigación de la Fuerza Paranormal Raider tuvo lugar en el Edificio del Departamento de Carreteras.

El plan inicial era investigar ruidos extraños que sugirieran un refugio de tipo residual. Dos rostros, una anciana gritando, pasos y sensores de movimiento en llamas. Más tarde nos enteramos de que estos espíritus están muy dispuestos a darse a conocer. Un caso paralelo en ese momento buscaba a un niño pequeño que había sido visto alrededor de una vía de tren cercana empuñando una motosierra que se creía que se mostraba, en las fotos, como una esfera verde con pies. No se invirtió mucho tiempo en este fenómeno debido a que los coyotes se acercaban y a que justo al lado de la zona en la que ocurrió el avistamiento se encuentra un bar.

Finalmente había reunido suficiente equipo decente para sostener una buena orquestación.d investigación. La oferta de mi abuelo para visitar su lugar de trabajo llegó en un momento conveniente, ya que yo me quedaría con mis abuelos durante el fin de semana mientras mi madre se recuperaba de la cirugía.

El lugar era el Departamento de Carreteras de Murtaugh, y se cree que está perseguido por ex empleados y el antiguo capataz del lugar. Los informes llegaron sobre un humo extraño, las puertas de las tiendas traqueteando sin viento o pasando camiones, pasos y voces incorpóreas ocasionales. Uno de los supuestos espíritus era el antiguo jefe de mi abuelo, quien aparentemente tenía hijos que iban a la escuela con mis padres; su causa de muerte fue cáncer de pulmón... lo mismo para su esposa. Ambos fueron fumadores empedernidos durante su vida.

Debido a mi edad en ese momento, el estado de Idaho tiene una ley de toque de queda para menores de 16 años, yo estaba acompañada de mi abuela. Tenía 15 años cuando comencé esta investigación. Al principio estaba en contra de la idea, notando la tendencia de mi abuela a tratar de controlar una situación y mi deseo de mantener todas y cada una de las actividades fuera del control de mi familia (lo que hacían en algunas ocasiones). Pero en esta situación sería útil tener a mi abuela a bordo.

Publiqué los resultados de la investigación, con breves informes de casos, como un vídeo de YouTube para ayudar a promover los negocios. El caso logró recopilar rostros extraños que aparecían en una cámara de video y extrañas grabaciones de audio. Fuera de cámara, se oían voces de mujer gritando durante el montaje, pasos moviéndose por la grava y voces que salían de una sesión de radio.

La sesión de radio fue una idea para intentar replicar los resultados de las infames Ghost Boxes sin ningún retoque. La idea era simplemente configurar una radio disponible en la frecuencia más baja posible para facilitar la comunicación de los espíritus. El problema era asegurarse de que no llegara nada en la frecuencia seleccionada. Esta ubicación ha sido el único lugar donde parecía funcionar.

A través de esto y un seguimiento (mencionado a continuación), he considerado al "Departamento de Carreteras de Murtaugh" como un sitio inquietante legítimo.

VACACIONES DE PRIMAVERA, 2011:

Tierra → Estados Unidos → Idaho → Twin Falls

Durante las vacaciones de primavera de mi primer año en la escuela secundaria, estuve involucrado en un accidente automovilístico durante mi clase de educación vial. Yo era el conductor del vehículo, pero no se me encontró culpable. El viaje estaba programado para llevarnos a los que estábamos en mi grupo en ese momento al condado y a la autopista. Cuando regresábamos a la ciudad, una anciana intentó atravesar seis carriles llenos de tráfico. Obviamente, como lo indica la inclusión de este evento, fui yo quien la golpeó. La anciana trató de declararse inocente y razonar ante el oficial, pero ella fue la culpable de lo que el propio policía describió como un juego fallido de "Rana". En el impacto sentí como si me hubieran lanzado a un proyecto astral, viendo el auto aplastarse en la parte delantera mientras quedé inconsciente.

Tierra → Estados Unidos → Idaho → Bosque Nacional Sawtooth → Cerca de Diamondfield Jack

Mi primera investigación de Sasquatch.

Mientras mi abuelo continuaba su batalla contra el cáncer, la familia decidió llevar a todos a acampar en lugar de hacer nuestro viaje habitual a Wyoming para ver fuegos artificiales ilegales y luego encenderlos para el 4 de julio. Uno de los lugares que se estaban considerando era de interés ya que era el área donde vi un posible Sasquatch años antes. Hay una serie de cuevas cerca de la estación de esquí Magic Mountain en las que parece residir una familia de 'Squatch. Dado el marco temporal de las apariciones y la posible edad del juvenil que pude encontrar, al menos cuatro especímenes están en la región.

Recibí un posible consejo a principios de esa semana sobre las preferencias dietéticas de Sasquatch para ayudar a atraer a uno a partir de un video de noticias que circulaba que mostraba a un analista forense retirado utilizando trozos de chocolate para atraer a un espécimen frente a una cámara de rastreo. Una pequeña criatura parecida a un simio se me acercó por detrás mientras estaba preparando las cosas, pero rápidamente salió corriendo cuando se dio cuenta de que sabía que estaba allí. Su pelaje era casi negro, estaba oscuro y el pequeño monstruo era rápido.

No tenía una cámara de rastreo a mi disposición para esta cacería, pero sí tenía un terreno lo suficientemente blando como para reunir un yeso para los pies en caso de tener éxito. La segunda noche del viaje, finalmente puse la trampa, pero me quedé dormido antes de que apareciera. A la mañana siguiente pude examinar la zona y extraer con éxito un yeso en el pie. Mis estimaciones muestran que el posible espécimen tenía un pie lo suficientemente grande como para caber en un zapato de hombre talla 22... mi propio pie era talla 18. Desafortunadamente, años más tarde, el yeso fue destruido mientras me mudaba a una nueva residencia, pero tengo esta comparación fotográfica para demostrar que No fingí el casting ya que era la persona con mayor estatura y tamaño de pie. Las comparaciones que hice con fotografías de un profesor de la Universidad de Idaho que caza al propio Pie Grande muestran un parecido sorprendente.

También debo tener en cuenta durante toda la estancia en el camping, signos de algún tipo de animal más grande acechando.El área era frecuente, pero nadie pudo confirmar exactamente qué.

Convenientemente, pude ver una entrevista de radio con un programa titulado "Second Sight", que tenía una estrella invitada que era un renombrado cazador de Bigfoot y pudo recopilar notas sobre qué buscar para posiblemente rastrear un Sasquatch, que se emparejaba con el El segmento de noticias que mencioné anteriormente en esta lista proporcionó información valiosa. Unas semanas más tarde pude contactar al mismo invitado en el programa y pude contarle mi historia, consiguiendo una aparición especial en su propio programa llamado "Monster Theatre".

Convertirse en el hombre

13 DE AGOSTO DE 2011:

Mi abuelo me había informado de un incidente en su trabajo, que despertó interés y un ligero ataque de rabia por las condiciones presentes en ese momento. Mi abuelo, que estaba casi delgado debido a los tratamientos contra el cáncer, y mi tío posiblemente fueron atacados por un espíritu. El incidente que me informaron fue que mientras estaba sentado en la oficina principal, arrancaron un estante de la pared y lo arrojaron hacia ellos. Según el informe, el ataque parecía estar dirigido a mi tío; sabiendo que fácilmente podría haberse burlado de la idea de que los espíritus en general pensaran que nadie lo escucharía, debo reconocer la posibilidad de que el ataque se hubiera producido. ¡Pero eso no justificaba atacar a un hombre que estaba muriendo!

Hice la investigación, con el único propósito de enojar a los espíritus en el edificio y hacerles saber que el ataque no iba a ser tolerado. Había investigado métodos para expulsar potencialmente a los espíritus del lugar y había amenazado con utilizarlos si tal incidente volvía a ocurrir. Ya sea por mi estatura, o porque sabían que hablaba en serio, la actividad era casi inexistente.

Durante toda la noche sentí como si me estuvieran observando, pero nunca pude lograr que los "observadores" se equivocaran y se revelaran. A medida que avanzaba la noche, me vino a la mente una nueva idea que pensé que podría ayudar a conseguir algún tipo de reacción de los espíritus residentes. ¿Y si simplemente quisieran que los dejaran en paz?

Usando un sensor de movimiento como objeto desencadenante, ofrecí los siguientes términos... no más ataques, no más visitas mías. Podrían quedarse, diablos, si tuvieran ganas de gastar bromas a los vivos, eso estaba bien, pero no más ataques. Si hubiera hecho más apariciones, se tomarían como si estuviera simplemente de paso, ya que mi abuelo todavía estaba trabajando allí y era probable que tuviera visitas.

Hasta la fecha del 22 de agosto de 2017, no han llegado a mis archivos más informes de actividad paranormal en este lugar. Esto hace que el lugar se clasifique como ya no embrujado.

OTOÑO DE 2011:

-censurado- Anuncio

Representación artificial de Dakota contemplando un futuro marciano

Se estaba preparando un programa para establecer la primera colonia humana en Marte para el año 2035 y me contactaron para unirme potencialmente al primer lanzamiento. Si bien el programa es una perspectiva interesante y podría allanar el camino para una cara completamente nueva de la humanidad, se enfrentan dos problemas con la idea de que yo sea parte del lanzamiento... 1. Mido cinco pulgadas demasiado alto y 2. Me más joven de lo que pensaban los principales actores de esta empresa. Sin embargo, la oportunidad de ser parte de un evento histórico como la colonización de otro planeta es una oferta demasiado buena para dejarla pasar, así que decidí al menos poner mi nombre en el sombrero sólo para ver qué pasaba. Una parte de mí estaba tratando de aliviar mentalmente el estrés al que me estaba sometiendo comparando el nombre de la empresa con el videojuego DOOM, afirmando que una empresa con un nombre similar estaba entre las primeras expediciones en iniciar una invasión literal del Infierno.

La ironía detrás de esa declaración...

31 DE OCTUBRE DE 2011:

Tuve la oportunidad de hacer senderismo con uno de mis tíos y mis abuelos justo después de Sun Valley, mientras ellos iban a cazar. Las únicas dos razones por las que me molesté en ir, ya que simplemente no me gusta la caza tradicional, fueron porque me dijeron que había minas abandonadas en el área y que me gusta observar la vida silvestre. También se encontraron grandes cantidades de cuarzo en el área, un mineral que se cree que actúa como una fuente de batería para las bebidas espirituosas.

Una vez que encontramos los pozos de la mina en cuestión, sentimos que alguien estaba dentro mirándonos y un par de fotos parecieron reforzar la noción.

Me llevé a casa un gran trozo de cuarzo, logré guardar las fotos y mostrárselas a algunas personas que habían estado en programas de caza de fantasmas... sus opiniones sugerían que sentían que era una buena captura.

¿Pero la mayor lección que tuve en esto? No te esfuerces más allá del agotamiento físico sólo para superar a tu primo bocazas... tu cuerpo hará que te arrepientas.

4 DE DICIEMBRE DE 2011:

Quizás el momento más desgarrador de mi vida en mis primeros años en el trabajo, el día que perdí al único miembro de la familia que realmente sintió el mayor apoyo en mis esfuerzos. A estas alturas debería ser obvio que mi abuelo fue más un padre para mí que mi propio padre, y extendió esa cortesía a mi hermana y mis primos por parte materna. Pero como yo era el mayor del grupo, tenía la relación más cercana con él. Si bien todos sufrimos una pérdida el día de su muerte, fue lo que más me afectó a mí; aunque mi aparente falta de emoción causó preocupación por el resto de la familia.

Mi abuelo era el tipo de persona que no quería que le hicieran un gran escándalo, y mi abuela y yo éramos los únicos que recordábamos esto. Mientras todos seguían peleando y presionando sobre cómo manejar los asuntos familiares, ella y yo éramos los que simplemente queríamos superar todo y seguir adelante. Mi propia madre trató de hacerme estallar en lágrimas, llegando incluso a decir que no estabahumano, en varias ocasiones, lo que continuó generando la necesidad de romper una botella de vidrio y clavar los fragmentos profundamente en su sien. No confiaba en que ella mostrara ninguna emoción porque se volvería en mi contra o se usaría para hablar de mí como si no fuera más que un simio sin sentido cuando estuviera en la habitación; Demonios, todavía no confío en ella cuando tengo 20 años y nuestra relación había mejorado.

Pero volviendo a mi abuelo, aunque todavía lo extraño, tengo que admirar cuánto tiempo logró resistir su cáncer a pesar de que se propagaba continuamente por todo su cuerpo. Para el servicio, mi abuela hizo que lo cremaran y colocaron su urna en una mesa de exhibición entre dos monitores grandes (esto tuvo lugar en una funeraria) mientras se reproducía un video que mostraba una serie de fotografías de la vida de mi abuelo. Verlo de niño, fotos antiguas de mis abuelos juntos, las más recientes mías y de mis primos... todo esto me hizo empezar a reflexionar sobre el tipo de persona que quería ser en esta vida.

Siempre supe que quería ser como mi abuelo, pero no fue hasta después de su muerte que comencé a comprender lo que realmente significaba todo eso. Esos pensamientos continuaron durante la cena esa noche, mientras pasamos la noche en Jackpot para cenar en un casino para el que mi abuela solía trabajar, y realmente esos pensamientos todavía perduran conmigo hoy.

Lo que me lleva a este punto que quiero hacer llegar a los lectores más jóvenes que vean esto, particularmente a los adultos jóvenes en la etapa de la vida en la que creen que no necesitarán a sus padres cuando cumplan 18 años.

Aunque mi abuelo no era mi padre biológico, era más una figura paterna que mi propia madre y mi padre y como ahora tengo 28 años al momento de escribir esta entrada, puedo decirles con total honestidad que desearía tenerlo todavía. Él conmigo hoy para arreglar la vida. Cuando sé que es hora de ascender en el mundo, cómo causar una buena impresión, todos los momentos típicos de padre e hijo, cómo ser un buen padre cuando llegan mis propios hijos, saber cuándo supo que mi abuela era la uno... Me encuentro preguntándole estas cosas sólo para encontrarme con un eco de su voz que todavía reside dentro de mi cabeza.

En algunas ocasiones las voces dan pistas, pero aún así me encuentro con el silencio y las molestias de tener que reconstruir todo por mi cuenta. Demonios, a veces desearía no haber sido tan mocoso cuando intentó enseñarme sobre autos. Pero no hace falta decir que desearía que todavía estuviera aquí porque he llegado a aceptar el hecho de que hay mucho más en el mundo que tengo que aprender. Entonces, si puedes, no te apresures a desechar a tus padres o a cualquier persona que desempeñe adecuadamente ese papel en tu vida.

FINALES DE DICIEMBRE DE 2011:

Mis emociones por haber perdido a mi abuelo se pusieron a prueba cuando me enteré de que alguien a quien consideraba un amigo golpeó a una joven de nuestra clase. Según lo que recuerdo, -censurado- golpeó a esta joven después de que lo criticó por su comportamiento hacia las mujeres. No me importan los imbéciles que le hacen eso a las chicas sin importar la situación. Traté de evitarlo, sabiendo que iba a hacer algo descuidado por enojo, pero no pude evitar que mi rostro revelara mis verdaderas intenciones. -censurado- intentó confrontarme, que es donde le dejé tenerlo. Incluso prometí matarlo si intentaba ponerle las manos encima a otra chica alguna vez más. Mi mensaje llegó a él, ya que pronto los maestros lo acompañaron por la escuela y finalmente se mudó a Arizona con familiares. Estaba fuera de la vista, eso era lo único que me importaba.

En cuanto a mí, me pusieron en lo que se llamaba "Sala PASS (Alternativa Positiva a la Suspensión Escolar)" para una clase -censurada- y compartía, sólo para ayudar a aliviar las tensiones. Aunque al día siguiente, cuando me presenté en el salón designado, el maestro principal me informó que el aviso nunca llegó. Me quedé sólo para evitar más problemas. -censurada- me vio cuando me iba, lo que aparentemente la impulsó a preguntar qué pasó y se produjo nuestra pelea final que llevó a la ruptura del "equipo".

De todos modos, no es que fuéramos a durar.

A decir verdad, esto sólo me llevó a sumergirme más en lo sobrenatural como una forma de mantenerme bajo control. Uno de los temas sobre los que comenzaría a investigar más es la demonología, incluso buscando cómo invocar a un demonio si alguna vez terminara en una situación realmente desesperada. Revisé la historia y encontré uno que más me llamó la atención, un ser llamado Marchosias.

Algunos dicen que Marchosias puede aparecer como hombre, algunos dicen que es mujer, otros que vieron la forma demoníaca vieron un lobo con alas y una serpiente por cola. Lo que más me atrajo de este ser en particular fue que a Marchosias, según la "tradición", no necesariamente le gustaba la idea de la caída de los ángeles, de hecho, esperaba que las diferencias pudieran repararse y ambas partes pudieran regresar al Cielo. Su decisión de caer fue porque su familia también cayó.

Cuando realicé el ritual, la invocación fue un pocó más exitosa de lo que esperaba... el ser que se adelantó... bueno, digamos que la loba con un

snPedir una cola no era una exageración. Pero aparte del inicial

7 DE ENERO DE 2012:

Los rumores de un posible espíritu rondando los pasillos de una escuela primaria local persistieron mientras mi madre ocupaba un puesto en el patio de recreo por motivos de trabajo. Al principio intenté programar la investigación cerca del momento en que mi madre empezó a trabajar allí, pero sus nervios por acercarse al jefe demasiado rápido me hicieron tener que esperar hasta esa fecha. La directora era amiga de la familia y asistió al funeral de mi abuelo, por lo que ver a personas en las que confiaría en esas circunstancias ayudó a abrir las puertas. El único problema importante fue que (censurado) tuvo que venir porque necesitaba las llaves de mi madre y no tenía una niñera de respaldo. Al principio estaba en contra de la idea, pero pensé que al menos tener un niño cerca podría generar algo de actividad.

El edificio en sí estaba celebrando recientemente su centenario, y el director me informó que el interior en sí fue renovado en varias ocasiones durante ese período de tiempo. Sin embargo, la investigación resultó bastante aburrida ya que todas las afirmaciones fueron refutadas. La charla en el sótano era el rápido clic de un calentador de agua que una mente medio cansada giraba, los inodoros con descarga automática se debían a la falta de presión del agua y los informes de escuchar a niños jugando se debían a que las familias cercanas llevaban a sus hijos a jugar al terreno en media noche. Había partes de la escuela a las que no tuve acceso para refutar cualquier afirmación, pero en general el lugar no estaba embrujado.

Los estudiantes de la escuela rápidamente difundieron rumores, pero con suerte se quedan en eso. Las investigaciones han demostrado que es posible que surja algo si los niños creyeron en los rumores y provocaron una manifestación.

27 DE ENERO DE 2012:

Durante el funeral de mi abuelo pude conseguir otro caso. El cliente era la mejor amiga de mi abuela de la escuela secundaria que había mencionado que su casa era una posible actividad paranormal, después de que mis propios asuntos surgieran en una conversación. Parecía que el lugar estaba plagado de sombras, voces en la noche y sensaciones fantasmales de ser tocado. También me informaron que varias muertes violentas estaban relacionadas con ese lugar, incluida una mujer decapitada.

Al menos cuatro muertes violentas ocurrieron en el local, la mujer decapitada fue encontrada en una zanja a las afueras de la casa. Mi interés por el lugar alcanzó su punto máximo, por decir lo menos.

La casa en sí parecía una choza de gran tamaño que fácilmente podría haberse derrumbado con una tormenta de viento bastante fuerte, y estaba rodeada de muchas tierras de cultivo. Viejos pozos estaban esparcidos en las instalaciones, una larga zanja se extendía aproximadamente a un cuarto de milla de la residencia... todo el lugar parecía el escenario de un espectáculo de terror. Rápidamente resultó ser uno de los casos más aterradores que enfrenté.

La zanja exterior, justo donde se encontró el cuerpo, comenzó a brillar por sí sola. Esto fue suficiente para asustar a mi escéptico tío, quien decidió acompañarme en este caso. Las voces seguían intentando hablar, pero apenas lo suficientemente audibles como para escucharlas con el oído desnudo, los puntos fríos y las sensaciones fantasmales de "toque" eran sólo el comienzo. La revisión de la evidencia aclaró algunas de las comunicaciones con la otra parte, pero una grabación del EVP pronto llevó el caso a nuevas alturas; ya que era una voz de mujer diciendo que estaba dentro del pozo.

En la propiedad, en el sótano directamente debajo de donde se capturó la grabación, había un pozo sellado. Tenía una placa de metal con una especie de símbolo del sol, parcialmente cubierta de cemento.

¿Qué diablos había ahí dentro? Tengo poca idea. Pero la cosa que estaba parada encima de esa cosa... sentía como si algo malvado estuviera tratando de arrastrarte hacia adentro.

La evidencia recopilada en este lugar es quizás una de las más extrañas hasta ahora. Orbes reflejándose en superficies metálicas, las voces, las luces extrañas... ¿qué diablos estaba pasando?

Obviamente se justificaba una mayor investigación... si el cliente hubiera podido permanecer fuera de prisión.

Aún queda una última pregunta sobre... ¿en qué carajos se metía mi abuela para atraer este tipo de cosas?

MAYO 2012:

Un amigo en común me informó que -censurado- había desaparecido, aparentemente dejando una nota en el Día de la Madre de todos los días para decirle a su madre que se había ido a vivir con su "familia de la calle". Finalmente el oficial de recursos estudiantiles se me acercó, sabiendo que había un punto hasta hace poco que -censurado- y yo parecía bastante cercano y, aunque sabía que yo no tenía nada que ver con su desaparición, me preguntó si por casualidad había escuchado algo. . Obviamente no lo hice, ya que no hablé con ella después de que el equipo se separó. pero mientras él y yo hablábamos noté que otra amiga de -censurada- estaba mirando atentamente, con una mirada de pánico invadiendo ella. Supe de inmediato que ella sabía algo y que probablemente sería el único vínculo directo (censurado) para descubrir adónde fue.

Utilicé esta conexión para alimentar lentamente información (censurada) con el fin de engañarla haciéndole pensar que me estaba acercando.su ubicación, ya sea para engañarla para que regrese o para revelar dónde estaba. Siendo nuevo en lo sobrenatural, utilicé mi conocimiento inicial del procedimiento de investigación policial para apretar lentamente la soga durante las próximas dos semanas. Combinando los métodos de adivinación que recomendaba mi bisabuela, los avistamientos informados y la deducción simple, logré tener una buena idea de dónde terminó (censurado).

Había dejado el estado con un tipo y se había dirigido al sur, hacia Utah. Hice lo mejor que pude para usar lo que sabía sobre visualización remota para tener una idea aproximada de dónde podría haberse estado quedando, descripción del edificio y todo. Cuando me sentía seguro de mis hallazgos, me aseguraba de que el amigo escuchara que me estaba acercando. Después de dos semanas de búsqueda, en 24 horas anuncié que la ciudad (censurada) estaba en esa ciudad (censurada). Finalmente llama a su madre para que venga a buscarla.

Una parte de mí quería ver si podíamos reavivar la vieja llama, pero al ver cómo se había desarrollado todo, parecía que ella tenía algunas cosas propias en las que trabajar antes de comprometerse con algo grande. La echaba de menos y la idea de su desaparición me preocupaba mucho. Se sintió extraño ver su foto en un cartel desaparecido colgado en la pared de unos grandes almacenes locales. Pero al menos la llevaron a casa sana y salva.

23 DE JUNIO DE 2012:

Encontré un sitio web que alberga transmisiones de audio de forma gratuita y comencé a pensar en iniciar mi propio programa de radio para mantener las apariencias y aumentar mi audiencia. Durante un tiempo utilicé el título "Diarios de aventuras sobrenaturales" y la premisa básica era que discutiría ideas y teorías sobre diversos fenómenos. El programa logró mantenerse a flote y todavía flotan grabaciones antiguas en mis antiguas páginas de Youtube de casi todos los episodios que grabé.

6 DE JULIO DE 2012:

Se transmite el primer episodio de Journals of Supernatural Adventure. Obviamente no mucha gente escuchó dado el nuevo estatus del programa y la falta de fondos para pagar el marketing.

OTOÑO DE 2012:

Durante mis dos primeros años de secundaria, fui a la escuela en -censurada-. Honestamente, odié el tiempo que pasé allí y durante los períodos de inscripción a clases, casi todos los cursos que elegiría serían eliminados del plan de estudios. Honestamente, me cansé de que esto sucediera porque tenía una idea aproximada de lo que quería lograr en la vida y lo poco que tenían para ofrecerme en ese sentido seguía siendo tirado, así que sabía si realmente tendría la oportunidad de hacer lo que Quería hacer en la vida y tendría que irme. Probablemente fue una de las mejores decisiones de mi vida engañar a mi madre para que me inscribiera (censurado) para terminar la escuela secundaria. Si no lo hubiera hecho... mucho de lo que sigue en las próximas entradas probablemente no habría salido bien. Sí, era una escuela en línea, pero al menos recibiría lecciones sobre temas que realmente me interesaban.

10 DE OCTUBRE DE 2012:

Fase 1 del documental desechado sobre lo sobrenatural. Dada la naturaleza extensa de lo que aún tenía que aprender, parecía mejor simplemente dejar este proyecto en el estante hasta que se le pudieran asignar más recursos.

27 DE OCTUBRE DE 2012:

Emisión de emergencia de JSA para caso -censurado-. Oración de protección solicitada a los asistentes por una familia en crisis. Rápidamente se demostró que la fuente de la actividad era una suegra muerta enojada que no estaba muy contenta con el marido infiel y abusivo. -censurada- pronto solicitó el divorcio después de que le dije qué buscar, basando mis advertencias en las acciones de mi propio padre cuando comenzamos a ver a mi madrastra mientras técnicamente todavía estaba con mi madre. Básicamente, intentó descartar a mi madrastra como niñera para mí.

Sin embargo, por mucho que casi traspasé los límites profesionales... este caso fue una victoria.

VERANO 2013:

Creo que accidentalmente me encontré con un skinwalker. Algo enorme estaba afuera, acechando el área. Supuse que probablemente eran solo coyotes que acechaban a algunos de los gatos callejeros cercanos, ya que uno que parecía preferir pasar por mi casa había desaparecido. Una noche salí y vi algo que me convencería de lo contrario. El "coyote" parecía tener sarna. Parecía enfermo y me miraba como si fuera su cena. Miré más de cerca y comenzó a pararse sobre sus patas traseras... aparentemente sacando algo y presionándolo cerca de su hocico... esta cosa estaba a punto de atacar. Afortunadamente, el ruido de un avión de combate al pasar durante maniobras militares en el aire llamó su atención y se escabulló. Esto fue demasiado extraño. Los caninos, normalmente si su parte delantera está gravemente dañada, pueden caminar sobre sus patas traseras, pero... esto parecía demasiado humano.

23 DE SEPTIEMBRE DE 2013:

Investigación de bolas de fuego OVNI

Bola de luz verde vista en el cielo, causa algunos daños materiales en viviendas de la zona donde desapareció la "luz". No hubo cobertura mediática, a pesar de los informes sobre una explosión y los daños materiales antes mencionados. Rápidamente se descartó que se tratara de un meteoro rico en hierro que provocaba las llamas verdes. Aunque probablemente no esté relacionado, personalmente vi posibles Hombres de Negro en la misma semana. Tres de ellos, sentados en SU negro.V, se detuvo en una calle cercana y se limitó a mirarme. Ninguna sensación de peligro, más bien un "querías vernos, ¿y ahora qué?" una especie de vibra. Había estado investigando supuestos avistamientos, por mi propia curiosidad, pero no se esperaba que tuviera un encuentro real.

OTOÑO DE 2014:

Toques finales para "Los que caminan por todos los mundos", una serie de libros basada libremente en mis hazañas paranormales y mi comprensión del fenómeno en ese momento. El libro en sí ha tenido un par de reediciones diferentes, la última fue una colección de todos los libros publicados bajo la serie con un solo título, "Los que caminan por todos los mundos: Orígenes".

MAYO DE 2014:

Me gradué de la escuela secundaria y salté directamente a la fuerza laboral en lugar de asistir a mi graduación o a cualquier viaje de último año. Me sentí extraño porque casi nunca veía a otros niños que estaban en mi clase, excepto cuando teníamos que ir a la sala de conferencias de un hotel local para hacer nuestros exámenes SAT. Mi madre intentó comunicarse con mi consejera asumiendo que yo no quería hacerlo debido a su caótica agenda de trabajo, pero, sinceramente, no podría estar más lejos de la verdad.

Oficialmente un adulto

MAYO - AGOSTO DE 2014:

Primer trabajo después de la escuela en un centro de llamadas local. Era una empresa de outsourcing y por mis conocimientos de informática me asignaron a una empresa de servicios de internet que ni siquiera ofrecía servicio en mi zona. Lo que fue aún más complicado fue que cualquier motivación para ascender potencialmente en la empresa se agotó rápidamente cuando se reveló que el puesto que me habían asignado era el más alto. Ascender a supervisor, incluso en la misma "área", requeriría un recorte salarial.

No es que quisiera ascender, pero me hizo cuestionar seriamente las motivaciones de quienes lo intentaron. Especialmente cuando un chico que estaba en mi grupo de entrenamiento comenzó a acostarse con mi supervisor directo. Oh, bueno, de todos modos no es que importara a largo plazo. La razón principal por la que solicité el trabajo fue porque sabía que reconocería a algunas personas que ya trabajaban allí; mi madrastra y mi primera novia de la escuela secundaria. Mi madrastra parecía estar tratando de poner su vida en orden después de lidiar con mi padre. En cuanto a mi ex... había pasado suficiente tiempo y ahora ambos éramos adultos. También supe desde entonces que le diagnosticaron un trastorno de identidad disociativo, o más popularmente conocido como trastorno de personalidad múltiple.

Cuando entré en el trabajo, se contrataron caras aún más conocidas al mismo tiempo, lo que me ayudó a aliviar un poco los nervios. Sin embargo, a la larga, mi ansiedad se apoderó de mí y comenzaba a colgar a los clientes, lo que me llevaba a que me despidieran.

OCTUBRE DE 2014:

Tuve un accidente automovilístico mientras me mudaba a una nueva casa. Mi abuela estaba cerca del lugar y estuvo presente cuando los paramédicos me ayudaron a salir del auto. Algo provocó que el auto, un Chrysler 300 2002 que me vendió mi abuela, comenzara a "darse un brinco" aleatoriamente mientras aceleraba, dando la impresión de que alguien estaba frenando rápidamente y de manera repetitiva. Mientras ayudaba a mover algunos artículos pequeños de última hora de la vieja "casa" a la nueva, este "trompo" comenzó mientras intentaba cruzar una intersección, lo que me llevó a ser golpeado en el lado del conductor por una camioneta que iba a 60 mph. Momentos antes del impacto, Olivia se manifestó gritando "¡Papá, cuidado!"

Ya era demasiado tarde. Decidí ir con los paramédicos sólo para asegurarme de que no hubiera daños mayores. Me sentí fuera de sí porque parte del marco del auto se estrelló contra mí; si el otro conductor hubiera ido más rápido, habría estado a punto de perder el pie izquierdo por lo mucho que estaba doblado hacia atrás la rueda. Afortunadamente, en este estado y demasiado lleno de adrenalina, no sentí nada y caminé hasta la ambulancia. Durante el camino al hospital les expliqué a los médicos que la razón por la que fui con ellos fue porque después del impacto, me desmayé y comencé a ver a mi abuelo fallecido al final de un túnel de luz azul. Las tomografías computarizadas en el hospital determinaron que no se detectó daño cerebral visible, a pesar de que tuve mareos durante un par de meses después.

Debido a las conexiones de mi madre con las autoridades locales, el accidente tuvo que ser asumido por una jurisdicción fronteriza. La instalación de despacho para la que trabajaba mi madre en ese momento administraba servicios de policía, bomberos y servicios de emergencias médicas de cuatro condados; el accidente tuvo lugar justo en el límite de su jurisdicción y otra (el mapeo exacto de qué distritos estaban y no estaban conectados a ella puede ser un poco confuso). Sin embargo, debido al tiempo que mi madre había trabajado en el trabajo, todavía conocía a bastantes que trabajaban en jurisdicciones fuera de la suya.

Fue por eso que me enteré de que el oficial que tomó mi caso escribió la multa en una multa, que no sería una multa rápida de "arreglarlo", como él la llamó, con la cantidad más baja que podía pagar. Las multas restantes fueron fáciles de eliminar de mi registro, ya que eran faltas de licencia y registro estándar dadas porque nadie podía detectar dónde aterrizó mi billetera en el auto después de que se cayera de los pantalones cortos sueltos que llevaba.

Había discutido con mi madre y mi abuela sobre el hecho de que tenía mi información conmigo, y rara vez salía de casa sin ella. Cómo impulsarían el tema, enfatizando que el hecho de que otros no pudieran encontrar mi billetera debe significar de alguna manera mágicamente que estaba alucinando con mi propia billetera en el momento del impacto. No sería hasta que tuve la oportunidad de ver el auto, un par de días después, en el depósito de chatarra para poder recuperar cualquier cosa rescatable que hubiera en él. Incluso cuando comencé a mirar, mi madre intentó insinuar que estaba tratando de hacer una escena más grande para evitar tener que pagar las multas, y solo se quedó en silencio cuando sostuve mi billetera frente a ella, ya que incluso yo estaba empezando a dudar de mí mismo.

Afortunadamente, llegó un pago de comisión que recibí de mi trabajo anterior y eso me ayudó a pagar el boleto restante. Pude solucionar los problemas de no tener licencia o seguro, ya que eran los tickets de "reparación" antes mencionados.

Mi madre me preguntó sobre una niña con la que iba a la escuela, después de que ella regresaba del trabajo. Su trabajo como -censurada- esta wcomo inmediatamente una mala señal. Una amiga mía y su madre fueron asesinadas a tiros por su padrastro. Inédito para los medios, el padrastro luego le envió un mensaje de texto a su tía para confesar sus crímenes antes de dispararse. Esta información y más se me filtraron, justificando que después de que la familia publicara un GoFundMe se les permitió tener más libertad para discutir el caso. Y, francamente, éste fue un duro golpe, sabiendo lo que sé. No tengo libertad para discutir todos los detalles, pero muchas personas involucradas se arrepienten de no haber hecho más.

Estaba sin trabajo, no tenía dinero encima, pero tenía algunos seguidores gracias a mi reputación como el "cazador de fantasmas adolescente local".

Mientras hacía lo que podía para ayudar a recaudar dinero, mi amiga me hizo una visita etérea a través de dreamstate para agradecerme y también me reveló todo lo que le sucedió. Había escuchado a través de mis fuentes que la razón por la que el padrastro hizo lo que hizo fue porque la madre de mi amiga descubrió que la había estado agrediendo sexualmente y solicitó el divorcio para alejar a los niños de él. También admitió estar enamorada de mí en la escuela antes de desaparecer. Si esto fue solo un sueño o no, la forma que tiene mi mente de cerrar el asunto sabiendo que sería imposible para mí haber hecho algo más para ayudarla... Honestamente, no puedo decirlo.

Intenté tener una sesión de PVE después, solo una vez para ver si podía confirmar que la visión de ella que vi era solo un sueño. El audio era débil y requirió mucho trabajo posterior para sacar la grabación, pero parecía que había una voz presente que confirmaba mis sospechas. Exacto, ¿quién fue?

22 - 30 DE MARZO DE 2015:

Hacia el final de la escuela secundaria me nominaron para hacer un gran viaje a China. Habría sido para el año después de graduarme, pero esta era una oportunidad para cumplir con un elemento de la lista de deseos. El viaje fue en general increíble, la gente fue amable, me trataron como al Buda sonriente. Estoy vagamente seguro de que tuve algunas visitas mientras esto sucedía, la más frecuente fue cuando mi grupo sucumbió a una posible intoxicación alimentaria y terminó siendo hospitalizado mientras estaba en Xi'An aproximadamente a la mitad del viaje. La única comida y bebida en nuestros sistemas fue el desayuno del hotel esa mañana. El hecho de que apenas estuviéramos volando hacia Xi'An cuando empezamos a enfermarnos gravemente no ayudó en absoluto.

Las condiciones en el hospital eran horribles; falta de personal y sucio. Al entrar sentí como si me estuvieran llevando a una carnicería. Estaba entrando y saliendo del conocimiento por falta de líquidos en mi sistema, y me gritaban en mandarín cuando se caía la vía intravenosa. Parecía que alguien en mi cabeza estaba tratando de traducir, pero eso podría haber sido simplemente mi cabeza torcida. Recuerdo un "desplazamiento" en el espacio y simplemente "flotar" a través de él hasta una cubierta de vuelo de aspecto futurista. Recuerdo a un hombre alto y rubio parado junto a una mujer que operaba una serie de paneles holográficos. Hubo una breve mención de la palabra "tríada".

Estaba entrando y saliendo de la conciencia. Se extrajo sangre para examinar la exposición a parásitos, pero todas las pruebas supuestamente realizadas no fueron concluyentes. Sin embargo, un sujeto masculino fue confrontado por grabarnos con la cámara. Qué pasó con eso, no lo sé.

Mi abuela paterna, que tuvo experiencias de secuestro con Gray y presuntos niños híbridos y afirma que puede ver "ángeles", hizo referencia a que este incidente era un ataque de la mafia china (como ella lo expresó). Recuerdo breves visiones de lo que parecía la cubierta de una nave espacial, pero no mucho más de ella.

PRIMAVERA 2014 - INVIERNO 2015:

Realmente me duele que me haya resultado tan difícil documentar adecuadamente este período de tiempo... por mucho que haya cambiado mi perspectiva de la vida. Mientras escribo esto, para finalmente reconocer la verdad, me di cuenta, gracias a la ayuda de mi terapeuta, de que mi propia percepción de la línea de tiempo fue alterada por el trauma. Las pesadillas simplemente se sumaron a lo que ya luché por reprimir, desearía haber podido hacer más por ella.

Justo antes de partir hacia China, me uní a un foro de mensajes anónimos destinado a grupos de apoyo para el trastorno de estrés postraumático. Allí conocí a una mujer, ella inicialmente me había enviado un mensaje preguntándome sobre algo que publiqué... queriendo saber más sobre los sentimientos que expresé... queriendo arreglar el mundo. A medida que pasó el tiempo, nos hicimos cercanos y comenzamos a salir oficialmente. El problema principal era la distancia que había al otro lado del país y que ella, literalmente, había descubierto que estaba embarazada. La distancia no fue un gran problema para mí, el viaje a China me dio el gusanillo de viajar y estaba ansioso por buscar cualquier excusa para salir a la carretera una vez más. El embarazo debería haber sido una señal de alerta, no había manera de que estuviera listo para ser padrastro... y sería obvio que estaría entrando en una situación bastante complicada.

Un par de meses después de iniciar la relación, decidió tomar un vuelo a través del país para venir a verme. Estaba absolutamente emocionado de verla en persona, pero no se lo dije a mucha gente debido al... equipaje. Ella quería que lo mantuviera en secreto.ret mientras intentaba escapar de su ex abusivo para proteger a su bebé. Para sorpresa de ambos, la bebé parecía bastante emocionada de conocerme, ya que parecía más activa cuando su madre y yo hablábamos.

Durante su visita, hice algo un poco extremo para demostrarle que realmente quería estar ahí para ella. Después de todo lo que compartió conmigo, es comprensible que esté ansiosa por intentar llegar a un acuerdo con un chico. Su ex le hizo un número, y ella se estaba comprometiendo a uno de los actos más valientes que he visto hacer a alguien en su lugar... huir como el infierno de un ex imbécil abusivo para salvar a su hijo.

No sucede lo suficiente.

propuse. Ni anillo, ni flores, ni traje elegante ni cena... sólo mi ingenio para tejer una promesa que esperaba fuera suficiente para convencerla. Le pedí que se casara conmigo sólo con las palabras que pude pronunciar en el momento y ella dijo que sí. De hecho, me sentí emocionado al besarla por primera vez mientras la sostenía en el aire. Ella me estaba apretando más fuerte que nunca durante toda su estancia. ¿Estábamos decididos a convertirnos en algo más? Tal vez, si su ex le quitara la vida. Tengo entendido que ella se resistió, pero no fue suficiente. Ella y el bebé murieron. Más tarde, la policía le disparó al ex, probablemente fuera de sí.

Se suponía que el próximo viaje a París sería para los dos.

26 DE MARZO - 2 DE ABRIL DE 2016:

Durante un viaje por París y Roma, sucedieron un par de incidentes interesantes. Recuerdo destellos de estar en una nave espacial, pero sucedió algo completamente diferente que es digno de mención. Bueno... sucedieron dos cosas que hicieron que París fuera agradable, pero un caballero no besa y cuenta. Fue simplemente agradable conectarme con alguien después de perder a mi prometido, incluso si pequeñas cantidades de alcohol pudieron haber estado involucradas en la cena que tuvimos juntos. Supongo que debería considerarme afortunado de que todavía se viera tan atractiva como la recordaba la noche anterior.

Un par de noches en París, no me impresionó mucho la zona y me di cuenta de por qué existe el "Síndrome de París". Mi grupo convenció a nuestro guía turístico para que nos dejara en un crucero en barco por el río que nos llevaría hasta la

Torre Eiffel. La noche era un poco fría y durante el crucero había empezado a llover, por lo que la mayoría se había escondido en la cubierta inferior del barco, dejándome la parte superior para mí. Mientras nos acercábamos a la Torre Eiffel, sentí un golpe en mi hombro como si estuviera interfiriendo en el camino de la foto de alguien. Fui a hacerme a un lado, rápidamente miré por encima del hombro para disculparme, y tuve que mirar por segunda vez al ver una cara familiar. Mi abuelo fallecido, de pie junto a mi hija Olivia. Como puedes imaginar, mi sorpresa fue que habían pasado poco más de tres meses desde que falleció. Se parecía a su yo más joven que había visto en fotografías antiguas, pero también había diferencias que parecían fuera de lugar. Es decir, había características que parecían un poco excesivas para las distorsiones en una vieja foto analógica... Pero la pregunta más importante era... ¿qué diablos estaba haciendo con mi hija?

Obviamente, el millón de preguntas que pasaban por mi cabeza estaban lejos de ser suficientes para quitarme el placer de verlas. Les pregunté qué estaban haciendo allí, a lo que mi abuelo respondió que estaba en el camino hacia donde necesitaba estar y que ya no necesitaban su guía. Es posible que vengan de vez en cuando solo para registrarse, lo cual ambos han hecho, pero llegó el momento de que yo tomara las riendas de mi vida. Mi abuelo murmuró algo justo antes de irse.

Dijo que estaba orgulloso de mí.

Cuando estuve en Roma, sentí mucha más emoción en mí. La historia antigua, las vistas, la comida... fue una experiencia mucho más divertida en general. Opté por un evento opcional de "Cena con tenores" y no me decepcionó. La primera vez que bebí alcohol de verdad, pensé que si alguna vez había un buen momento para satisfacer mis curiosidades sería mientras estaba de vacaciones y no conduciría en ningún momento durante ese tiempo.

Mientras estaba en la cena, se le escapó a algunos de los que iban conmigo que canté un poco y pude tocar un poco el piano de oído. Al escuchar esto, y escuchar que los artistas pueden invitar a personas al escenario, hubo un fuerte empujón para intentar que yo cantara. Finalmente, después de que trajeron un pastel de cumpleaños para un invitado en otra mesa y el champán desató el cantante de ópera que llevo dentro... me invitaron al escenario para ayudar a cerrar el espectáculo.

Incluso el viaje a la Ciudad del Vaticano estuvo lleno de esta energía. Si las paredes pudieran hablar... sería asombroso escuchar lo que esas paredes tendrían que decir. Mucha controversia rodea al Vaticano, especialmente en los círculos de conspiración y ocultismo. Pero casi sentí como si en algún lugar... hubiera algo atado a mí flotando en el éter.

Pero... ¿qué?

Tuve un pequeño ataque de pánico con la noticia que había recibido. La mujer con la que tuve una aventura de una noche en París se acercó a mí a través de mi sitio web. Ella notó que su cuerpo parecía estar mal y se hizo una prueba de embarazo que dijo que era positiva. Demasiado ansioso por mi rDespués de esta reacción, se acercó a mí y quería programar una videollamada para hablar sobre cosas uno a uno, ya que sentía que con su estilo de vida no tenía demasiadas personas a su lado que pudieran apoyarla. Dudaba incluso en decírselo a alguien, ya sospechaba las respuestas furtivas sobre "no usar protección", "ella solo te está estafando", etc... etc...

Lo que me atrajo de ella fue el hecho de que ambos intentábamos ser emprendedores. Y a pesar de lo que dicen los influencers en las redes sociales, ese tipo de estilo de vida es solitario. No mucha gente quiere asociarse contigo, especialmente si realmente empiezas a ganar terreno. Es un trabajo duro, agotador mentalmente, y los comentarios de un público despistado pueden llevar a uno al límite si no se desarrolla la fortaleza mental.

Nadie quiere admitir cuántas personas que siguen este camino intentan quitarse la vida.

Quería esperar a que aparecieran más datos antes de decirle algo a mi familia, ¡pero esto era demasiado importante! ¿Fue esto? ¿La hija que buscaba era el resultado de alguna historia de amor exótica? ¿Cómo la apoyaría a ella y al niño? ¿Alguno de nosotros tendría que mudarse de país? Una parte de mí desearía permanecer en silencio, pero tuve que sacarme esto de mi sistema porque simplemente no podía concentrarme.

Pasaron un par de días y -censurado- me contactó nuevamente con actualizaciones del médico... fue un falso positivo. Tuvo la aparición de un cáncer de ovario que provocó el falso positivo en la prueba de embarazo. Afortunadamente, sus opciones de tratamiento estaban abiertas y logró superarlas, conociendo a alguien nuevo en el camino.

13 DE MARZO - 14 DE MARZO DE 2017:

Los preparativos de último minuto para la empresa en Tailandia comenzaron con una ligera interferencia debido a que mi tarjeta de débito fue comprometida por un imbécil en Florida que la usó para pagar multas judiciales. Realmente irónico... Recibí correos electrónicos de que mi tarjeta había sido rechazada e hice lo que se suponía que debía hacer para detener su uso. Se hicieron tres intentos el día 13 y un cuarto intento el día 14. Solo se reflejó un cargo en mi cuenta. Dado que mi extracto bancario reflejaba un servicio de pago judicial que se ejecuta en Florida, pude encontrar rápidamente información de contacto de la empresa con la esperanza de que me ayude a avanzar. También tomé nota con mi banco para informarles que podría ser difícil establecer contacto adicional ya que no estaré en el país y simplemente revisar mis correos electrónicos podría ser un problema pendiente de las señales wifi de nuestro hotel.

-censurado- fue invitado a una fiesta de cumpleaños -censurado- el día 11, y mi madre finalmente menciona lo que -censurado- tenía que decir sobre lo que había sucedido durante el congelamiento que le había impuesto a mi familia paterna. Menciona que su asma se dispara cada vez que está en contacto con su mamá, mi madrastra, por las drogas. Este será mi boleto para finalmente recibir el castigo. Tendré que probar a mis hermanos para detectar contacto alto... He abierto comunicaciones de respaldo para restablecer la misión, ya que he causado suficiente confusión como para enmascarar mis verdaderas intenciones. Si esto tiene éxito, puedo perder a mi familia, pero será lo mejor. No puedo seguir haciendo este baile.

-censurado- había venido una vez más a intentar instigar un altercado, todo porque fui yo quien hizo que arrestaran a su hermano. Es probable que esto haga que lo expulsen de la tienda. Notifiqué a la gerencia para que lo vigilaran. Si deciden escuchar o no, es su locura. Realmente no estoy preocupado por él, ¡porque mi aventura en Tailandia está muy cerca!

18-20 DE MARZO DE 2017:

Por fin el viaje a Tailandia está entre mí. Tenía un largo día de viaje por delante, desde salir temprano de la ciudad para evitar el tráfico y una posible llamada desde cualquiera de mis trabajos hasta los vuelos y las largas escalas. Este viaje me llevará por San Francisco y Hong Kong antes de llegar finalmente a Bangkok. Dado que nuestro grupo estaba distribuido por todo el estado de Idaho, todos teníamos diferentes lugares de reunión. Nos dividimos en dos grupos, uno que se reuniría en Spokane y el otro se reuniría en Boise. Yo estaba en el grupo de Boise. En total éramos 24 en total.

Había utilizado mis recursos para al menos tener una idea de a quién tenía que buscar mientras nos reuníamos para nuestra eventual reunión en San Francisco. Solo conocía a 4 personas de mis giras anteriores, lo que facilita el viaje, pero generalmente a alguien en mi posición me gustaría tener una idea de con quién estaré en estas excursiones. Utilizando direcciones de correo electrónico adjuntas a los mensajes del líder de nuestro grupo, pude rastrear solo una cara, censurada. No fue hasta que todos finalmente llegaron al aeropuerto de Boise, como se suponía, que pude comenzar a leer a todos.

La dinámica del grupo parece ser buena. Varios de los niños no viajaron solos y, si lo hicieron, no les tomó mucho tiempo encontrar a alguien con quien vincularse. Es una buena medida. Hasta ahora sólo he identificado 4 posibles niños problemáticos en caso de que ocurriera un incidente; todos los cuales parecen sufrir complicaciones mentales que incluso estresan a sus padres. Uno muestra nese siente atraído cuando está en un lugar por mucho tiempo y se queja de que la gente le toma fotografías sin consentimiento (lo cual solo es irritante ya que conciertos como este requieren ambos), y los demás simplemente muestran posibles signos de autismo. Intento no juzgar, y la elaboración de perfiles es simplemente un hábito que nunca desaparece una vez que has recorrido un camino similar al mío.

Al llegar a San Francisco localizamos a nuestro líder de grupo, quien intentó encontrarnos en un punto de encuentro. Los que estaban con él en el grupo de Spokane ya estaban esperando en nuestra siguiente puerta. Habíamos logrado llegar hasta aquí sin incidentes, excepto por una joven, -censurada-, que confundió a un extraño al azar con nuestro líder de grupo por detrás y procedió a acercarse sigilosamente detrás de él. Doy fe de que el hombre tenía un parecido sorprendente, pero que ella hubiera abordado el asunto de esa manera fácilmente podría haber instigado una situación hostil. Con las amenazas de posibles ataques de ISIS y la metodología que muestra que cualquiera con problemas de autoridad tiene probabilidades de ser "reclutado", debo permanecer alerta.

Una vez que todos estuvieron instalados, jugamos a las cartas y cargamos nuestros dispositivos electrónicos para pasar el tiempo. De San Francisco a Hong Kong fue un vuelo de más de 12 horas (junto con la escala de 6 horas). Iba abarrotado y apenas podía conciliar el sueño. Logré dormir aproximadamente 2, tal vez 3 horas, así como algunas siestas de 10 minutos repartidas entre ellas. De

Hong Kong a Bangkok fue más fácil de manejar ya que solo fueron unas 3 horas.

En Bangkok nos cruzamos con un grupo de Nueva Jersey que, creo, en realidad estaba de regreso a casa después de una estadía más. Mi grupo con sede en Idaho parecía haber estado ubicado en el mismo piso, por lo que, en caso de un incidente, puedo comunicarme con la mayoría de ellos de manera oportuna. Ninguno de ellos parece poseer mucha habilidad de defensa personal, algunos sólo lo hacen cuando se les provoca. Quizás tenga que utilizarlos.

Una vez que nos instalamos en nuestra habitación de hotel, se suponía que nos reuniríamos para visitar una zona comercial cercana para comprar algo de comida, ya que las comidas no estaban cubiertas durante nuestra primera noche en la ciudad. Desafortunadamente para mí, me había quedado dormido después de escuchar la alarma. En mi defensa, apenas pude dormir en el camino hacia aquí y en el momento en que me duché y pude relajarme, mi falta de sueño se hizo cargo.

Desafortunadamente para mí, me sentí demasiado cómodo hasta el punto de que mis pesadillas comenzaron a aparecer. Esta vez se trató de un accidente aéreo en suelo estadounidense, y se mantuvo con el tema de no ser lo suficientemente rápido para salvar a un inocente. Me desperté mientras los cuerpos ardían.

21 DE MARZO DE 2017:

Parece que un miembro de mi grupo de viaje ya se ha enfermado. Una de las chicas parecía haber contraído una cepa del virus de la gripe antes de llegar aquí y decidió actuar anoche mientras visitaban el centro comercial. La dejamos descansar en el hotel y su condición parece estar mejorando, pero como era de esperar, está nerviosa por nuestras opciones de comida más exótica. Con solo escucharlo uno ha sucumbido a la enfermedad, aunque se hizo evidente que la forma de infección era diferente, mis nervios también se pusieron de punta.

De todos modos, no puedo permitir que eso arruine un buen viaje. Hoy temprano visitamos el Gran Palacio y el Templo del Buda Esmeralda. El paisaje de la zona es absolutamente impresionante, aunque el clima que lo acompaña ha logrado quemar áreas de mi piel. Ver el Templo me recordó mi visita a la Capilla Sixtina el año pasado; ya que había muchos guardias para hacer cumplir las reglas de No fotografía/video, No zapatos adentro y Estar en silencio. Las primeras dos reglas que mencioné se aplicaron fácilmente, como lo demostraron dos personas a las que los guardias obligaron a borrar fotos que tomaron en el interior. Fueron indulgentes con el silencio.

Después de las visitas a los Lugares Sagrados, caminamos hasta un servicio de taxi acuático y disfrutamos de un paseo por el río Chao Phraya. Muchos residentes locales tienen casas a lo largo de la orilla del río, y la vista de los sitios arquitectónicos realmente le dio al lugar una sensación histórica. Además, poder alimentar a algunos bagres en el río fue una experiencia interesante. Después del paseo en barco, almorzamos en un buffet cercano, antes de regresar al hotel por un par de horas.

Una chica censurada que se sentía mal finalmente apareció antes de nuestra cena con "bailes clásicos tailandeses". Fue bueno verla levantada y moviéndose, pero como se mencionó antes, no estaba dispuesta a probar nada realmente exótico. Tenía principalmente agua y un par de trozos de sandía. Las conversaciones entre el grupo muestran que es posible que haya intentado comer demasiado en algún momento, lo que agravó su condición. Supongo que a veces tenemos que aprender de la manera más difícil.

Parece que han encontrado a otro enfermo, probablemente debido a que no está acostumbrado a las condiciones del área. Ella, sus hermanos y su (tal vez) madre optaron por no asistir a la cena, aparentemente debido a mareos. Aunque... ella no parecía tener muchos problemas con nuestros vuelos al área ya que eran bastante turbulentos... Cabe señalar que el segundo niño que sucumbe a la enfermedad es uno de los "problemas" que mencioné antes.

22 DE MARZO DE 2017:

Otra visita al templo se realizó hoyEntonces mi grupo disfrutó de un agradable viaje en autobús hasta el Gran Palacio de Verano. La sombra de los numerosos jardines nos ayudó a mantenernos frescos para la mayoría, mientras revisábamos la arquitectura inspirada en los estilos chinos. Luego nos detuvimos brevemente para ir de compras antes de tomar un tranvía hacia un área histórica... la verdad es que apenas puedo entender a nuestro guía turístico y fue difícil escucharlo debido al ruido. El paisaje seguía impresionando y cerca también había un vendedor de paseos en elefante.

Después, tuvimos un almuerzo buffet y un paseo en barco de regreso a Bangkok y a nuestro hotel. De hecho, quedé impresionado con la cocina local y la disfruté mucho más de lo que esperaba gracias a las advertencias de Monkey Ball Soup. Hasta ahora todavía no ha habido ningún incidente similar al de Xi'an, que espero que siga así durante el resto del viaje.

23 DE MARZO DE 2017:

Anoche fue nuestra última noche en Bangkok. Tendremos una noche más en nuestro último día. Pero hoy tomamos nuestro autobús de Bangkok a Kanchanaburi. En el camino, paramos en el museo del Ferrocarril de la Muerte, el Mercado Flotante y una breve visita a una plantación de cocos.

La plantación de cocos fue una experiencia bastante interesante, ya que no sólo cosecha vegetación local sino que también alberga varios animales geniales. Según nuestro director del tour

-censurado- algunos de los animales sirven como ayuda importante en la plantación pero son muy bien tratados. Había ardillas, peces luchadores, algunos bagres, anguilas, gibones y una pitón grande (que parecía haber tenido un buen almuerzo). La compañía turística que organizó este viaje intenta monitorear las atracciones locales para asegurarse de que todo sea seguro para sus viajeros y que las compañías funcionen como deberían para que no haya peligro. También pude comprar un par de recuerdos aquí.

El Mercado fue una experiencia interesante. Viajamos hasta allí en un recorrido de 20 minutos en klong, que nos llevó a través del patio trasero de muchos residentes. Paramos en el propio mercado, que tenía muchos souvenirs chulos pero nada que me llamara la atención. -censurado- recomendó que probáramos un arroz pegajoso con mango que se vendía allí, y tratando de ser un poco más aventurero en este viaje comí algunos. Sin embargo, mientras intentábamos conseguirlo, una mujer mayor me tendió una emboscada con un masaje con Tiger Balm. El masaje apestaba y mi cara de viaje demasiado amable me llevó a comprar cuatro de esas estupideces; que voy a tener que tirar porque no podré llevarlos en el avión. No será una pérdida de dinero ya que el tipo de cambio aquí es sorprendente viniendo de dólares estadounidenses. 1 baht tailandés equivale aproximadamente a 3 centavos de dólar estadounidense.

Posteriormente, el museo Death Railway albergaba información sobre el campo de prisioneros de guerra japonés de la Segunda Guerra Mundial. Los sitios representados eran realmente desgarradores, para las personas normales. Alguna vez has empezado a preguntarte si las cosas horribles que sucedieron se repetirán.

-censurada- permaneció cerca de mí durante la mayor parte de este viaje, y a menudo decía que "busca seguridad en personas altas".

El hotel en el que la empresa nos conectó en Kanchanaburi es absolutamente increíble. Es un complejo situado justo en la orilla del río y no está lejos del controvertido Templo del Tigre. Nuestro guía dijo que el complejo en sí se traducía como "Sweet Honey Bee". Honestamente, no me importaría quedarme varado aquí por un tiempo, hay mucho que hacer; dos piscinas, un campo de tiro con arco, un campo de paintball y pistolas de aire comprimido, alquiler de bicicletas y vehículos todo terreno, un parque de ciervos, un agradable restaurante al aire libre y muchos paisajes para disfrutar durante una caminata. La vida silvestre aquí y las decoraciones de fantasía son buenos retoques. Demonios, allí estaba Spider-man pasando el rato junto al restaurante.

24 DE MARZO DE 2017:

Un día maravilloso al aire libre, con un baño en el río, un paseo en tren y una caminata por Hellfire Pass. No se planeó que fuera necesariamente un día demasiado educativo, sino más bien un día divertido en el trópico para los niños. Debo admitir que el río era un poco intimidante para alguien que se hunde mejor que nada; pero estoy orgulloso de mí mismo por hacerlo. El barco nos llevó río arriba, pasó por una pequeña cascada y nos dejó en un punto tranquilo. Todos estábamos obligados por ley a usar un chaleco salvavidas (sorprendentemente tenían uno que me quedaba bien) debido a que la corriente tenía la reputación de llevar a los turistas debajo de algunos de los barcos y no lograron salir. El factor peligro de alguna manera me atraía. El peligro en sí mismo no surgió realmente hasta que intenté volver al barco ya que la corriente empeoraba ¡Y traté de arrancarme los pantalones cortos! Tomamos una de nuestras fotos grupales en la cascada mencionada.

El siguiente elemento de la lista era un viaje en el Ferrocarril de la Muerte, un sistema de trenes construido por prisioneros de guerra japoneses. Fue un paseo bastante interesante a través del sistema montañoso de Tailandia. Una enorme plétora de selvas tropicales, monos y otros animales exóticos que apenas pude fotografiar. Bueno, los elefantes aparecerán muy pronto.

Hellfire Pass fue una caminata interesante. Contenía algunos restos de las vías originales del Ferrocarril de la Muerte. A lo largo del camino había monumentos a los prisioneros de guerra británicos y australianos. De hecho, se estaba construyendo una nueva exhibición al final del sendero,pero parecía que pasarían un par de meses antes de que estuviera terminado.

25 DE MARZO DE 2017:

Hoy fue un día de transferencia mientras nos adentrábamos más en el campo tailandés. El viaje en autobús fue largo e incómodo debido a una lesión en el coxis que sufrí en el último hotel; Seguir el ritmo de algunos de estos niños me está hiriendo literalmente. Nuestra primera parada fue en otro templo, conocido por sus actividades de adivinación y "pedir un deseo". Naturalmente, probé ambas cosas. La adivinación fue configurada para funcionar así: coloque una moneda en una ranura que corresponda al día de la semana en que nació, espere a que la luz de la ruleta que gira se detenga en un número, luego tome un trozo de papel correspondiente a ese número. El mío quedó en el número 1 (naturalmente) y, según la traducción de nuestro director de gira, mi fortuna consistía en "sueños hechos realidad, tener siempre buena salud, suerte en el amor pero no en el juego".

El "pide un deseo" era más bien un ritual de oración. Había que pagar 20 baht por una campana en la que podían escribir su nombre, tocar la campana y luego pedir el deseo frente a una estatua gigante de Buda. Mi deseo era simplemente que todos los miembros de mi familia encontraran las respuestas que estaban buscando y un final pacífico para lo que estaba por venir. Sé que probablemente anule todo el propósito del deseo al haberlo anotado en estas páginas, pero aún así vale la pena mencionarlo.

Después del templo, condujimos durante otras 2 horas hasta llegar a nuestra reserva de almuerzo en un pequeño y agradable resort. El diseño de ese complejo recordaba mucho más al río de casa, pero no fue la última parada. Había una plantación de pimientos cerca del complejo, lo que llevó a nuestro director a sugerir que probáramos el pollo frito. Como gran parte de la cocina tailandesa que tuve la oportunidad de probar mientras estuve aquí, la disfruté bastante.

Desde el almuerzo, fuimos directamente a nuestro hotel, lo que nos llevó a muchos de nosotros a lanzarnos directamente a la piscina cuando nos instalamos. Seguramente voy a extrañar a estos niños y debería tratar de mantenerme en contacto con todos ellos cuando todo esto termine. Ya se habla de volver a encontrarnos en el próximo viaje de mi antiguo profesor, a Escocia e Irlanda.

26 DE MARZO DE 2017:

La depresión del final del viaje ha comenzado. Todo el mundo tiene la mentalidad de "emocionado por volver a casa pero triste por irme de aquí". Intento seguir recordándoles que lo mejor que pueden hacer es planificar el próximo viaje y mantenerse en contacto unos con otros.

De todos modos, hoy visitamos una fábrica de paraguas. Hicieron los paraguas de paja de la vieja escuela que normalmente no se ven fuera de las actuaciones en la actualidad. Había varios pintores allí que se ofrecieron a diseñar cualquier cosa que les dieran. Demonios, podrías pedirles que te pintaran la cara si quisieras. Después de un recorrido y una parada en el mercado, algunos de los niños intentaron convencerme de que me pintara la cabeza después de ver una foto de un caballero mayor (con una línea de cabello similar a la mía) haciendo lo mismo. Les señalé que el calor y la humedad pueden arruinar el aspecto, y que nuestro director de gira mencionó que dónde nos gustaba ir a la piscina cada vez que tuviéramos la oportunidad tendría el mismo efecto, así que decidimos encargarnos de arreglar el estuche de mi cámara. Fue sólo 100 baht, que es un poco menos de 3 dólares.

Después de la fábrica de Umbrella, hicimos una breve parada en una fábrica de plata que nos mostró un breve tutorial sobre cómo detectar plata auténtica antes de poder hacer algunas compras. Caminé un poco, comprobando algunos de los diseños que estaban disponibles, pero no compré nada porque la mayoría de las personas a las que les compraría probablemente los arruinarían.

Después de la cena, nuestro guía turístico nos organizó un paseo en Took Took. Estábamos en Chiang Mai en ese momento y nuestros conductores comenzaron a desafiarse entre sí. Hicimos 3 paradas, dos en los mercados y en la embajada de Estados Unidos, y nuestra última parada, naturalmente, fue nuestro hotel. Mi amigo -censurado- y yo íbamos juntos todo el tiempo, y resultó que nuestro conductor fue quien empujó a los demás a la carrera para hacernos pasar un buen tiempo; aunque uno de los conductores chocó por detrás a un coche en el camino.

27 DE MARZO DE 2017:

Como me cansé de los largos días que parecían ser un mal intento de extender nuestro viaje, me olvidé de mantener este diario actualizado a medida que avanzaba. Es a través de las fotografías que tomé que puedo anotar el resto de mi viaje, por lo que los días exactos pueden variar ligeramente.

¡Este era el día que todos estábamos esperando, el día en que pudimos jugar con los elefantes! Temprano en la mañana, salimos hacia un Santuario de Elefantes, ya que nuestro director de gira pudo hacer que nuestro grupo en particular se quedara un par de horas más de lo planeado originalmente, lo que emocionó mucho a todos en el grupo. Nos dijeron que lleváramos trajes de baño y una muda de ropa, ya que nuestras actividades incluirían bañarnos con los elefantes. Además de alimentarlos y estar en presencia de estos hermosos animales, fue una experiencia absolutamente increíble. Los propios elefantes aparentemente eran bastante traviesos, especialmente Tum-Took, de 18 meses. Hubo una advertencia sobre acercarse demasiadoSe dirige al bebé, ya que le gustaba apretar a la gente por detrás, normalmente alrededor del cuello. -censurado- amplió esta advertencia mostrándonos una foto suya en esa misma situación. Tum-Took no intentaba hacer daño a nadie, sólo quería jugar.

Después de nuestro tiempo con los elefantes, llegó el momento de ir a almorzar a una granja de mariposas y orquídeas. Todos nuestros almuerzos eran buffet y, como mencioné antes, la comida era sorprendentemente deliciosa.

28 DE MARZO DE 2017:

Último día en Chiang Mai, la tristeza posterior al viaje definitivamente se está instalando entre el grupo. Teníamos un par de actividades más para ver solo para distraernos del final de los senderos. -censurados- todos lo sentimos bastante pesado, pero estamos haciendo lo que podemos para aprovechar los últimos momentos y mantenernos en contacto una vez que nos vimos obligados a caminar por caminos separados. Creo que debería dedicar un libro en su honor. -censurado- en realidad me dio su correo electrónico, así que puedo enviarle una copia digital gratuita para probarlo.

De todos modos, nuestra primera parada fue la tribu Kayaw Karen de cuello largo. -censurado- nos repartió galletas para dárselas a los niños de la tribu. Debieron haber recibido muchos turistas porque tenían varias tiendas con chucherías y algunas actividades más. Incluso tenían la opción de probar el disparo de una ballesta. Nuestros autobuses turísticos no podían llegar al lugar donde se encontraba la tribu, por lo que tuvimos que hacer autostop en taxis tailandeses, que eran similares a plataformas de transporte para tropas.

Luego visitamos un templo más, el Gran Palacio. Los monjes brindaron adivinación, bendiciones con agua bendita y el monasterio tenía una hermosa vista de Chiang Mai (si no había niebla). Fue bastante interesante ver las numerosas estatuas y la historia siempre fue una lectura interesante. Nunca entendí por qué, pero las culturas con muchos miles de años de historia siempre atrajeron mis intereses. Los romanos, la mayoría de las culturas asiáticas, cosas de esa naturaleza.

Terminamos el día con una visita al centro comercial cercano. Me di cuenta de que se publicaban advertencias sobre tráfico sexual por todas partes, por lo que aquellos que conocían mis conexiones entendían por qué hacía lo que hacía. Tenía sospechas de que las chicas estaban siendo vigiladas, así que hice lo que pude para que discretamente las personas que las observaban se dieran la vuelta.

Esa noche no tardamos mucho en regresar a nuestro hotel, ya que teníamos previsto volar desde Chiang Mai de regreso a Bangkok. Como era un vuelo nacional, todos tuvimos que facturar nuestras maletas. Una vez en Bangkok, íbamos a cenar brevemente en el primer hotel en el que nos alojamos y dirigirnos directamente a la cama. Antes de que pudiera quedarme dormido, mi propia tristeza posterior al viaje me golpeó con fuerza. Empecé a llorar por dejar el grupo... Iba a extrañar a todos, ¿vale?

-censurado- trajo copias de la primera foto grupal, lo que de hecho desencadenó aún más la tristeza posterior al viaje. Me encontré diciendo que la foto en sí me hacía sentir vacía porque era el día -censurado- que tuve que quedarme en el hotel porque ella estaba enferma, irónicamente también fue la razón por la que sentí que necesitaba cuidarla.

29-31 DE MARZO DE 2017:

Salimos de nuestro hotel más temprano para poder tener un par de horas para relajarnos y orientarnos en el aeropuerto. -censurado- no pudo unirse a nosotros, pero se aseguró de tomar fotos con todos nosotros cuando nos registramos. Me aseguré de tomar una, en caso de que no pudiera encontrarlo, para que él y yo pudiéramos quedarnos. en contacto.-censurado- y mi antiguo maestro dijo que intentarían encontrarse en línea, y puedo usar esa conexión para encontrar -censurado-

Los vuelos, naturalmente, eran incómodos. Seguimos prácticamente el mismo camino que tomamos al entrar al país, al salir. Desde Bangkok, pasamos unas horas en Hong Kong. Allí -censurado- deambuló por el aeropuerto en busca de una buena tienda donde conseguir algo de comer. -censurado- recomendó un plato de gambas fritas en el local que nos acordamos. No nos dimos cuenta de que nos quedamos sin tiempo y tuvimos que devorar nuestras comidas. Temiendo que nuestro tiempo se acortara aún más, terminamos corriendo por el aeropuerto. Por supuesto, sólo nos apresuramos a sentarnos durante un vuelo de casi 13 horas hasta San Francisco.

San Francisco fue el punto donde los grupos de Spokane y Boise se separaron, pero como teníamos al menos 7 horas antes de volar, nos tomamos un tiempo para pasar el rato antes de tomar caminos separados.

Dado que el grupo de Spokane estaba a punto de irse, aquellos de nosotros en el grupo de Boise decidimos que sería mejor dirigirnos a nuestra puerta. Le confié -censurado-, sólo para desahogarme los sentimientos, mientras esperábamos en la puerta. Podía sentir que el viaje se me escapaba, así que, naturalmente, recurrí a algo de comida reconfortante para aliviar mi estómago.

Cuando subimos al avión de regreso a casa, me quedé atrapado en un asiento junto a la ventana. Sólo faltaban un par de horas más para regresar a Boise y tener que despedirme de todos los demás. Llegamos poco antes de las 10:30 de la noche y a la salida me recibieron mi madre y mi abuela. Antes de salir del aeropuerto, me escabullí a la zona de recogida de equipaje para darles a todos un último abrazo de despedida. Después del viaje a casa, no llegué hasta poco después de la 1:00 am del día 31.

yo debería nNote a una de las madres en el viaje, a quien le confesé que mi depresión posterior al viaje me instaló y comparó mi situación con la de los soldados que regresan a casa después de acercarse a otros en su unidad. Así que tengo que levantar el cliché "muros alrededor de mi corazón" y tengo que mantener una cierta actitud para protegerme y poder seguir adelante y llegar a más personas.

Cuando comencé a viajar, ocurrió un fenómeno interesante... los muros se derrumbaron. Los instintos protectores que mi vida me ha dado y mi entrenamiento permanecen ahí, pero las paredes encuentran aberturas dentro de sí mismas y permiten que otros entren.

12 DE ABRIL DE 2017:

No ha sucedido mucho desde que regresé a la realidad. Se detuvo a un fugitivo que provocó una persecución, no hay actualizaciones sobre los incidentes raciales mencionados en la última publicación, no hay mucho que mencionar. Uno de mis amigos de mi trabajo diario se va, pero nada demasiado especial. Esta es más una publicación reflexiva...

Medité en imágenes de Tailandia, ya que algunas de mis sesiones de escritura automática indicaron que veía venir esta empresa y que de alguna manera podría estar relacionada con Olivia. Juré que había tenido sueños que me mostraban en exuberantes áreas tropicales idénticas a las áreas que visité en Tailandia. Algo me estaba observando, alguien muy similar en apariencia a una de las chicas de mi grupo de viaje. Al menos de paso...

Ha pasado casi un mes desde mi regreso de Tailandia y ha habido algunos acontecimientos dignos de mención. En mis círculos sociales, el -censurado- también parece haber cortado la comunicación tras enterarse de mi inscripción a un curso de investigación privada. A pesar de ser un amigo, a veces muestra envidia a medida que avanzo en la vida. Él reconoce mi enfoque estratégico, pero sus acciones sugieren un descontento subyacente; sin embargo, las conversaciones personales sobre lo que ha estado sucediendo en su vida... muestran que he estado ciego ante lo que él ha estado pasando.

Continuando, planeo comunicarme con -censurado- esta semana para obtener -censurado-. Mostraron interés por el viaje a Escocia e Irlanda, especialmente -censurados-, quienes parecían fascinados por los cuentos de duendes y hadas. Mi experiencia en investigaciones paranormales podría despertar su interés.

En materia familiar, estalló un desacuerdo entre mi madre y yo cuando compartí mi sincera opinión sobre acompañarla -censurada- a su obra de teatro escolar, que me pareció mediocre. -censurada- se le impidió actuar durante la escuela debido a una caída repentina en sus calificaciones, y pensé que debería haber sido excluida por completo. Una discusión posterior reveló su comportamiento agresivo hacia otros estudiantes, lo que mi madre descarta, probablemente porque respalda mi aparente "hostilidad".

En mi búsqueda de la lucha contra el crimen, solicité la censura para validar aún más mis habilidades de investigación y promover mi negocio. Mi solicitud está pendiente y, una vez aceptada, el programa debería tardar de 3 a 6 meses en completarse. Planeo financiar mis estudios de forma independiente, ansioso por adquirir material que sea de utilidad práctica.

En cuanto a las artes, estoy considerando una estrategia para aumentar las ventas de música. Mi distribuidor introdujo recientemente una función de licencia que permite la distribución legal de versiones de canciones. Mi plan es tejer canciones no relacionadas en una narrativa, comenzando con "Desperado" de los Eagles, "Hurt" de Nine Inch Nails y "I Don't Want To Miss A Thing" de Aerosmith, elaborando la historia de un forajido capturado. en un ciclo implacable de amor y pérdida.

Mi próximo libro, "Los que caminan por todos los mundos: El llanto del amante, parte 2", está tomando forma después de superar un caso grave de bloqueo del escritor. Actualmente se centra en la perspectiva del interés amoroso de "A Giant's Curse" y tengo curiosidad por ver cómo se desarrollará la historia.

3 DE MAYO DE 2017:

Me aceptaron en un programa destinado a impulsar mi negocio y potencialmente dar forma a mi carrera. Curiosamente, mis actividades policiales generan menos escepticismo público, tal vez debido a mi presencia. El programa ya ha demostrado ser beneficioso y ofrece recursos para nuevos equipos y técnicas de investigación. Tengo confianza en mi elección; me permite autofinanciar mi educación, aprender materias que me fascinan fuera del plan de estudios estándar y aprovechar mis habilidades innatas. Con el aumento de la infidelidad, los delitos relacionados con las drogas y la locura general, muy bien podría establecer mi empresa a nivel local.

Este camino, sin embargo, presenta su propio conjunto de desafíos, pero creo que tengo algunas soluciones. Como todos mis esfuerzos, debo abordar cada paso como un riesgo estratégico, planificando tantas contingencias como sea posible.

Priorizar el mantenimiento del coche es clave para mí ahora mismo para alargar su vida. Parece que el auto necesita arreglos menores, como una alineación y un reemplazo del cojinete del cubo, que son manejables para una persona experta en autos, a diferencia de mí. Lo bueno es que un sueldo sustancial de mi trabajo diario, incluidas las horas extras, está en camino para cubrir estos costos. También he pausado los pagos automáticos de mi viaje a Escocia e Irlanda para liberar algunos fondos.

Por otra parte, mi campaña para recaudar fondos con camisetas para obtener capital inicial no ha tenido éxito, así que estoyconsiderándolo ahora únicamente con fines benéficos. Sin embargo, descubrí el corretaje de bolsa como una posible fuente de financiación. Estoy explorando una plataforma que permita invertir en acciones con cualquier presupuesto. Planeo mantener mi trabajo diario para tener seguridad financiera mientras navego en esta nueva empresa. Ya invertí en un estudio de cine llamado -censurado- cuya reciente película -censurada- ha sido bien recibida. Aunque no se exhibirá en Idaho, estoy esperando su lanzamiento en DVD y considerando aumentar mi inversión a medida que el estudio gane más reconocimiento.

De cualquier manera, las cosas están a punto de ponerse interesantes.

Tal como están las cosas, necesitaré ajustar mis diversos proyectos en consecuencia:

IN Music - Estoy posponiendo los planes de la canción cover por ahora. Podría considerar hacer una sola canción para acompañar futuros lanzamientos de libros como elemento temático, pero eso requiere una mayor exploración.

EN Libros: Mi objetivo es establecer una nueva rutina diaria que incluya al menos entre 30 minutos y una hora de escritura para satisfacer las crecientes demandas. Planeo pausar el trabajo en "The Ones Who Walk All Worlds" después de lanzar

"Lover's Cry Part 2" para explorar otros géneros. Aunque anoche comencé a diseñar un título para esta revista, parece que esta tarea tendrá que posponerse.

EN Cine/Televisión: He decidido permanecer fuera de cámara por el momento. Estoy buscando profundizar en un papel de investigación, que creo que producirá mucho material nuevo para escribir guiones. Estoy abierto a hacer cameos si se presentan oportunidades, pero por ahora continuaré con mi enfoque habitual.

IN Gaming: intenté lanzar un canal de juegos en YouTube, pero decidí abandonar ese esfuerzo y seguir jugando únicamente para aliviar el estrés. Conservar mis favoritos de la infancia debería ayudar a mantener la mente despejada.

EN Viajes: aquí no hay cambios planificados a menos que surja un conflicto importante. Las experiencias son demasiado enriquecedoras como para renunciar a ellas y la compañía de viajes que utilizo constantemente ofrece aventuras interesantes. El próximo viaje a Escocia e Irlanda probablemente será el último con el grupo de la escuela secundaria. La compañía turística ofrece varios programas adaptados a diferentes grupos de edad y, después de mi próximo viaje a Europa, estoy pensando en unirme al tour "College Break", diseñado para jóvenes de entre 18 y 28 años. Si bien disfruto acompañando a los más jóvenes, es hora de viajar con compañeros más cercanos a mi edad.

MAYO – JUNIO 2017

Me acosan en el trabajo y me cortan los neumáticos dos veces. Todo porque le dije a un chico que pensaba que era mi amigo y que el bebé del que estaba embarazada su prometida no era hijo suyo. No hizo falta mucho para darse cuenta de que estaba involucrado, el maldito imbécil necesita que le golpeen la cabeza por lo estúpido que está actuando, pero no está pensando exactamente con la cabeza sobre los hombros.

12 DE MAYO DE 2017:

Un cabrón al que he estado vigilando durante los últimos meses ha cometido vandalismo hoy y yo era el objetivo. Mientras trabajaba en mi trabajo diario, recibí una llamada telefónica de mi madre diciéndome que TODAS mis llantas estaban pinchadas y que necesitaba salir de inmediato. Pude ver claramente las heridas de entrada en todos los neumáticos, pero otra cosa me llamó la atención; Una cara familiar me observaba desde un camión. El novio del sospechoso, un viejo amigo mío de la escuela secundaria, conduce una camioneta roja modelo más antigua con una gran bandera estadounidense sobresaliendo de la parte trasera... el sospechoso me estaba observando desde un vehículo con la misma descripción. Voy a molestar al personal directivo de mi trabajo diario hasta que me dejen ver las cintas, sólo para poder confirmar mis sospechas. La mujer probablemente piensa que se saldrá con la suya, ya que se declarará culpable el lunes.

Jesús, mi amigo es un idiota patético por querer quedarse con esta chica.

Los motivos de las acciones probablemente surgieron de que yo incité a mi amiga sobre supuestas noticias sobre el embarazo. Mi amiga admitió que hizo trampa en varias ocasiones, compró drogas a otro sospechoso que he estado monitoreando y la sorprendí irrumpiendo en la camioneta de mi amiga la última vez que estuvieron juntos. Cabe señalar que mi amigo también es suicida, y la última vez que estos dos rompieron, se puso muy oscuro. Pero a la luz de los acontecimientos recientes, lo he clasificado como "Etapa 2-SI", que significa "idiota estúpido".

Los de afuera no se dan cuenta de que tengo una tendencia a preparar mis objetivos para atacar con el fin de conseguir suficientes testigos para descartar cualquier especulación de inocencia, y una vez más el sistema funcionó. Sólo tengo que unir las pruebas.

17 DE MAYO DE 2017:

El Día de la Madre, me cortaron nuevamente los neumáticos, lo que finalmente impulsó la investigación, ya que fue fácil determinar que se trataba de un ataque dirigido. Pude detectar al menos a 3 posibles sospechosos acechando el área cuando salía de mi trabajo diario y le pasé la información recopilada al oficial que tomó el caso. También pude descubrir que el departamento de neumáticos que trabajó en mi automóvil tuvo otros incidentes similares en las últimas dos semanas. Mientras hablaba con la oficial ayer, mencioné esto para ver si ella estaba al tanto de dichos incidentes, perono surgió ninguno. Si mi incidente está realmente relacionado, es posible que tenga que abordarlo desde un nuevo ángulo.

En casa mi hermana -censurada- llegó con una interesante invitación de su colegio. Una de sus maestras está organizando un viaje de vacaciones de verano para el 2019; pasando por París, Niza, Florencia, Pisa y Roma. El viaje se organiza a través de la empresa por la que han pasado mis últimos viajes, así que ya sé que estaría en buenas manos. Mi madre tiene una estipulación de que necesitaría un acompañante para vigilarla. Naturalmente, -censurada- se inclinó por que me uniera a ella. Tiene una edad en la que no quiere tener parientes con ella, pero tener a su hermano con ella, que ha estado en la región y es menos probable que la presione todo el tiempo y que la deje divertirse es sin duda la opción más tolerable. Hay una reunión el próximo miércoles. Quizás intente escabullirla también para que pueda obtener la información de alguien a quien al menos (fingirá) prestarle atención.

Mi madre trató de prohibirle que fuera, pero una parte de mí se preguntaba si ir a uno de estos viajes exóticos le haría algún bien a mi hermana para recuperarse. La tomé en contra de los deseos de mi madre, con la única condición de que no se metiera en problemas. Un incidente y se acabó.

¿Un momento de enseñanza? Quizás, si mi hermana no hubiera sido sorprendida una vez más explotándose ante los chicos de su clase. Probablemente funcionó de la mejor manera... ya que supe que la señora de Recursos Humanos de mi trabajo hace este viaje todos los años.

18 DE MAYO DE 2017:

La dirección finalmente me reveló fotos de vigilancia, capturando a la persona que cortó mis neumáticos. Pude distinguir al culpable: un hombre de entre 40 y 40 años con aspecto de skater/pandilla, lo suficientemente tonto como para comprar justo después de su primera infracción. Esto cambia un poco la estrategia del caso, pero mi acción inmediata fue disculparme con mi amigo por mi reacción inicial, aunque no por mis palabras. Curiosamente, el sospechoso apareció nuevamente hoy, brindando la oportunidad de descubrir su identidad, y mi amigo, evidente por el hecho de que lo observé, le indicó al sospechoso que se escapara.

El caso se está desarrollando.

21 DE MAYO DE 2017:

El individuo que me ha estado apuntando aún no ha aparecido otra vez, lo cual es probablemente lo único inteligente que ha hecho. Seguiré esperando la oportunidad de conseguir una foto suya, con otros sujetos en cuestión. Pero se debe hacer una nota interesante en caso de que se convierta en algo. Un hombre de unos 20 años fue trasladado en ambulancia al hospital por una serie de puñaladas, no se informó mucho más. Podría no tener relación, pero podría significar que se produjo un enfrentamiento entre el grupo de sospechosos. El que inició esta cadena de acontecimientos no se presentó a trabajar hoy, cuando ayer se veía bien. Tendré que seguir monitoreando la situación.

Independientemente de cómo se desarrolle, todavía tengo que seguir adelante.

Hice un poco de vigilancia en mi trabajo diario para, con suerte, detectar al sospechoso que cortó mis neumáticos, pero no pude localizarlo. Parece que mi "amigo" me pasó la noticia de que estaba investigando un arma y que el sospechoso fue captado por la cámara. Eso sólo lo señala aún más. Sin embargo, el personal directivo le mostró la foto a mi tío y hay que tener en cuenta que el engaño está en el aire. Parece que mi "amigo" mintió sobre la identidad del sospechoso. No puedo decirlo con certeza todavía, pero es un avance interesante.

En cuanto al arma, estoy considerando una pistola EAA Witness de 9 mm como arma. Encontré uno a buen precio y hablaré con un viejo amigo en una casa de empeño local para ver si pueden ayudarme con los arreglos. La gente realmente debería dejar de subestimar hasta dónde llegaré para mantenerme firme, o a las personas que sólo me detendrán para asegurarse de que uso las herramientas adecuadas para hacer el trabajo.

Si vas a hacer algo, es mejor que seas inteligente al respecto.

Recientemente tomé una copia de "LOGAN" después de su lanzamiento en casa. Como entusiasta de la industria cinematográfica, reconozco su producción excepcional, pero despierta pensamientos únicos en mí, especialmente después del incidente del neumático.

Al continuar por este camino, me siento obligado a encarnar a Wolverine, no sólo al solitario con cicatrices de batalla, sino al arma formidable. Ya soy la persona que se preocupa profundamente, quizás demasiado. Ahora es una cuestión de todo o nada. Necesito profundizar en el aprendizaje: dominar las armas de fuego, las espadas, la defensa personal, las artes marciales y el armamento avanzado. Debo volverme más fuerte, más rápido y más sabio. Debo enfrentar mis demonios internos y prepararme para la batalla. Wolverine es parte de mi identidad, está integrado en mi marca, pero mi objetivo es evolucionar hasta convertirse en una fuerza sin precedentes. Debo absorber la sabiduría de los más grandes.

Los rumores de una secta satánica en la zona participando en sacrificios de animales comenzaron a resurgir nuevamente, posiblemente debido a que es Halloween. Creo que hay algo en los rumores, pero en lo que respecta a encontrar un hilo tangible para afrontar la amenaza, ha resultado difícil.

11 DE NOVIEMBRE DE 2017:

Me puse en contacto con un viejo amigond, quien me ha molestado por unirme a una cacería desde que lo conocí hace unos 5 años para discutir los detalles de la investigación del viaje en el tiempo y ver si podía probar más ideas para mejorar las ya escasas posibilidades de lograrlo. un truco. No brindó mucha información sobre ese asunto, pero mencionó otra situación con la que estaba lidiando y en la que yo podría haberle brindado ayuda. Creía que estaba siendo acosado por una entidad conocida como el "Hombre Sombrero". Los relatos de testigos presenciales, incluido el mío, lo describen como una persona en la sombra que parece usar una gabardina y un sombrero tipo fedora.

Otros incluyen detalles de ojos rojos brillantes, un traje, un maletín e incluso un bastón.

Mucha gente cree que el "Hombre Sombrero" es un portador de desgracias... que le gusta causar caos. La verdad es que simplemente puede sentir cuando alguien está bajo una gran tensión emocional y le gusta agitar un poco las cosas. Tengo razones para creer que el "Hombre Sombrero" alguna vez fue humano, pero era todo un imbécil. Tuve un encuentro con él en mis primeros días, justo en el momento en que estaba lidiando con las acciones de mi padre. Fue a través de este encuentro que pude descubrir cómo deshacerme de él, y ese fue el consejo que le envié. Sólo dile al tipo que se vaya a la mierda.

Los detalles exactos son mucho más difíciles, pero es la idea básica. El "Hombre Sombrero" es un matón sobrenatural, por lo que decirle que se vaya a la mierda es parte de esto, pero existen procesos completos para eliminar por completo amenazas sobrenaturales como esa. Puede que incluya algo así como una "enciclopedia paranormal" en la "Iniciativa Archivos Frandsen" cuando finalmente pueda escribirla (tal vez una especie de compendio, más bien...)

Convertirse en el especialista de lo extraño

24 DE NOVIEMBRE DE 2017:

Restos de -censurado- encontrados hace 3 semanas Identificados, la filtración no se ha hecho pública -censurado-. Resulta que pertenece a un caso de persona desaparecida hace dos años en un condado cercano. Mujer, de poco más de 20 años, es posible que haya dinero de recompensa disponible, es posible que necesite ayuda para investigar esto dadas las circunstancias.

25 DE NOVIEMBRE DE 2017:

Oficialmente en la investigación de detalles clave localizados -censurados- sobre los acontecimientos que condujeron a su muerte, la primera prioridad es encontrar el resto de ella.

No puedo quitarme la idea de -censurado- de mi mente, así que tomaré oficialmente el caso. Hice un poco de historia sobre la víctima y pude encontrar una cronología de los eventos que condujeron a la investigación inicial. Parece que dos sospechosos ya están en la fila; uno es un ex novio que fue padre del bebé de la señora que no vivió más de un mes, y el otro es un nuevo prometido que actualmente cumple condena por cargos de drogas y evasión de la policía.

Según informes de prensa, hubo un altercado entre los dos caballeros de antemano porque el ex intentó convencerla de que no se mudara con su nuevo prometido. Una investigación adicional ya realizada reveló que la ropa de la víctima fue encontrada en un lugar en -censurado- Tengo algunas ideas, pero no se puede probar nada sin -censurado-

26 DE NOVIEMBRE DE 2017:

Tuve una posible comunicación con la víctima a través de una visión en estado de sueño, parece que el espíritu está tratando de hacer contacto desde que se encontraron los restos, el tipo que la mató ya en prisión, debe encontrarlo -censurado-

28 DE NOVIEMBRE DE 2017:

Buscando algo censurado, sin apenas encontrar nada. Cada vez tengo más mal presentimiento de que esto es algo más que un simple triángulo amoroso que se volvió fatal.

2 DE DICIEMBRE DE 2017:

Hubo un tiroteo momentos antes de que entrara al estacionamiento de mi lugar de trabajo. La policía estatal había organizado una redada de drogas que había salido mal, con la esperanza de agregar más cargos ya que mi lugar de trabajo estaba frente a una de las escuelas secundarias locales. Un sospechoso intentó entrar corriendo a la tienda para esconderse de la policía, sin darse cuenta de que la tienda había comenzado a cerrar sus puertas a medianoche en respuesta al robo. Ambos sospechosos fueron detenidos, uno de ellos herido de bala por la policía.

23 DE DICIEMBRE DE 2017:

Mi tía compartió una grabación de voz de una sesión psíquica donde afirmó haber escuchado la voz de mi abuelo. Intrigado, realicé mi propia sesión de audio y recibí un mensaje instándome a dejar de molestar a mi tía, que recordaba inquietantemente a la voz de mi difunto abuelo.

Además, surgió otra voz que decía ser la de una niña desaparecida cuyo cráneo fue descubierto recientemente. Ella expresó que estaba consciente de mi búsqueda de ella e indicó que había estado intentando guiarme.

27 DE DICIEMBRE DE 2017:

Solicitud de sicario

Una mujer con la que estaba hablando en un sitio web de citas mencionó que vivía con padres abusivos y me preguntaba si mataría a sus padres por ella. Obviamente corté mis lazos en ese mismo momento. Honestamente, no tengo idea de lo que pasó con ella... probablemente sea mejor que siga así. En serio, ¿qué tan jodido tienes que estar para intentar conseguir que un tipo cualquiera en línea asesine a tu familia? Hablé de la situación con uno de mis contactos policiales y me dijeron que lo investigarían.

24 DE ENERO DE 2018

Experimentación con sigilos de ángeles.

Usando sigilos del libro "Sigilos, llaves y llamadas angelicales de Benn Woodcroft" y tomando elementos de diseño de los sigilos de comunicación de Las llaves de Salomón, diseñé un sigilo de protección al que denominé "Los muros del Edén". El poder de esta cosa no se mostraría plenamente hasta años más tarde.

19 AL 28 DE MARZO DE 2018

Tierra → Viaje a Escocia e Irlanda, Nessie y Crowley

Mi último viaje con mi grupo de viaje fue una gira por Irlanda y Escocia. Mi plan inicial era no ir, sin embargo, rápidamente cambié de opinión al enterarme de que la última parada del viaje era el lago Ness, un lugar que siempre quise visitar con la esperanza de ver a Nessie. Parte de mi atención se desvió debido a que en ese momento estaba en medio de una ruptura, pero en general el viaje fue increíble.

Antes del día en que nos dirigimos al lago Ness y visitamos lugares de Irlanda y Escocia, recuerdo breves imágenes de naves en el cielo. También obtendría vistas del paisaje como si estuviera a bordo de los barcos antes mencionados. En uno de esos casos, me llevaron sobre las aguas del lago Ness días antes de que nuestro grupo hiciera el viaje oficial y me mostraron las altas concentraciones de cuarzo en la región.

Cuando llegamos al lago, mis ojos nunca dejaron el agua. Y para mi sorpresa, un gran animal acuático salió a la superficie mientras intentaba evitar una lancha rápida negra. Hice lo mejor que pude para capturar fotografías, solo dos mostraban el objeto grande en el agua, pero nada que definiera claramente qué era.

Informé de mi avistamiento al Registro del Lago Ness cuando regresamos al hotel y la historia comenzó a volverse un poco viral mientras estaba en el avión de regreso a casa. También supe que pude haber tenido ayuda sobrenatural de mi bisabuela, quien falleció de vieja aproximadamente una hora antes.Antes de mi llegada al Lago Ness.

Las siguientes páginas mostrarán posibles fotografías cercanas de "Nessie". Fue lo mejor que pude conseguir dadas las circunstancias, pero independientemente del asistente sobrenatural o de no conseguir algo en el primer intento, cuando otros pueden pasar décadas sin nada que mostrar, es impresionante. La terrible experiencia logró captar la atención de los productores para un especial de National Geographic llamado "Drenar los océanos".

Mientras nos preparábamos para salir del lago Ness, vimos la casa de Aleister Crowley, donde juraría que podía ver una figura envuelta en una capa mirándonos. A falta de una palabra mejor, la figura se parecía a la capa de un miembro del KKK. Si fuera el señor Crowley... estaría más intrigado por explorar esto sin niños rondando por mí.

NOVIEMBRE - DICIEMBRE 2018

Después de que un canal de YouTube llamado -censurado- (uno que involucra a la familia de la mujer desaparecida) contara un par de incidentes que me involucraban, un caballero se acercó a mí y creía que podía estar poseído por un gran ser demoníaco parecido a un perro, uno que Le hizo entrar en un contrato de sangre mientras estaba en un estado de sueño.

Lo que me llamó la atención fue la afirmación de que al despertar del sueño, el cliente afirmó que su mano estaba completamente destrozada, como si acabara de romper una ventana. Aún más inquietante fue la afirmación de que los animales se comportaban de manera extraña, como si estuvieran asustados por un superdepredador.

Los codazos en mis entrañas me dijeron que aceptara este caso, algo era genuino. Otros desarrollos identificaron al ser como Vapula. Todos los métodos para intentar solucionar la situación de forma remota no funcionaban, este incidente iba a requerir una sesión personal. Muy rápidamente se convirtió en un exorcismo violento que casi llegó a la combustión espontánea, la piel del hombre comenzó a ampollarse como si hubiera estado expuesto a un calor extremo. Finalmente, el ser rompió la conexión y escapó de la habitación como una masa oscura antes de que se pudieran completar las ataduras adecuadas. Por ahora, el niño estaba a salvo. Hasta el día de hoy no estoy seguro de qué atrajo a esta cosa al niño. No había señales de uso de drogas, abuso, alcohol, nada por el estilo. Básicamente se trataba de un niño estresado por los exámenes universitarios.

Aproximadamente dos semanas después, en un estado de sueño, se me presentó la visión de caminar por lo que parecía un campo de internamiento abandonado con varios años de crecimiento excesivo. Mientras caminaba por allí pude escuchar una radio que sonaba como música de los años 40. Encontré una habitación con la radio en el suelo y entré. Inmediatamente la estática rompió la música y la reconocí como algo que hacía contacto. En la parte posterior de mi cabeza sentí otra transmisión tratando de abrirse paso, advirtiéndome que se trataba de una trampa. Quienquiera que estuviera hablando por radio no pareció registrar la advertencia mientras seguía intentando burlarse de mí. Le exigí al ser que se identificara nuevamente, sacando a relucir el cliché "en el nombre de Cristo", y eso solo lo enojó aún más.

El ser saltó de la radio, envolviendo sus manos alrededor de mi garganta, gruñendo en voz baja y ronca: "¡Es la perra Vapula!" Lo siguiente que supe fue que una gran masa de sombra me había clavado a la pared de mi dormitorio por el cuello y me apretaba con más fuerza. Esto ya no era un sueño...

Agarré la mano de esta cosa, tratando de respirar unas cuantas bocanadas de aire más. Su "piel" se sentía como el cuero de un animal sarnoso. Me las arreglé para murmurar las palabras: "Michael... ayuda... ¡ahora!" Pude ver la cara de esta cosa mirando al techo con miedo. Lo siguiente que supe fue que una luz salió disparada de mis ojos y mi boca, Valpula simplemente dejó escapar un enorme chillido, similar a una manada de cerdos siendo sacrificados a la vez. Rápidamente perdí el conocimiento.

A la mañana siguiente me desperté en el suelo y salí a sacar la basura. Mi vecina se me acercó preguntándome qué diablos estaba pasando porque algo en mi casa estaba asustando muchísimo a sus perros, incluso mencionó haber visto la luz y escuchar los gritos de un animal siendo masacrado. Ella también estaba bien informada sobre mis esfuerzos sobrenaturales, y a menudo bromeaba diciendo que debería conducir un Chevy del 67. Fue entonces cuando noté que en mi cuello todavía había marcas rojas pertenecientes a la mano de alguien, o más bien de algo, mucho más grande que yo. Al ver las marcas, a mi vecina casi se le salen los ojos del cráneo. Simplemente lo dejé en "Es mejor que no lo sepas. Espero que lo que era ya haya terminado" y seguí con mis asuntos.

Las siguientes semanas la charla transcurrió en silencio en longitudes de onda sobrenaturales, posiblemente pensando que estaba necesitando tiempo para procesar lo que había sucedido. Cuando alguien llegó, una voz masculina me dijo que rápidamente se corrió la voz de que había herido gravemente a Vapula y que había un nuevo miedo hacia mí. Ángeles, espíritus normales... sabían lo que yo era y, a veces, parecían intimidados a medida que se difundía la historia. Al parecer, el "otro lado" está lleno de chismes. Aunque intimidados, sabían que se podía confiar en mí. En cuanto a cualquier "demonio", tendrían miedo de acercarse.

¿Qué diablos soy?

DICIEMBRE 2019

La cazapara Tierras Infinitas estaba en marcha. Un procedimiento experimental para utilizar métodos simples de caza de fantasmas, un poco de magia y una planificación inteligente para hacer contacto con seres de otros mundos... posiblemente incluso "Tierras alternativas". Sabía que sería imprudente simplemente dejar una invitación abierta, eso simplemente invita a demasiado riesgo y la situación en China ya está sembrando suficiente desgracia para que seres más oscuros deambulen más libremente. Anticipo que esto sólo aumentará.

En lo que respecta al experimento, después de una cuidadosa investigación, elegí tres objetivos potencialmente viables en los que centrarme. Fijar la intención en estos individuos ayudaría a evitar interferencias. Una parte de mí sentía la necesidad de conseguir ayuda externa para conseguir la fuerza necesaria para salir del mundo. Un instinto inmediato fue investigar la tradición que rodea a los ángeles, decidiéndose por el Arcángel Metatrón por sus conocimientos sobre los acontecimientos mundanos. Parecería que el ángel con una "cara verdadera" del tamaño de la Tierra también tendría miras en dimensiones alternativas. Más tarde aprendería que Metatrón puede ser, de hecho, una especie de frecuencia natural en línea con la

Fuente... una línea directa a todas las demás frecuencias.

En cuanto a mis objetivos, necesitaba aquellos que tuvieran algún tipo de visita o interacción con ESTA Tierra... y que fuera un caso previamente documentado. De lo contrario, aumentan las probabilidades de infiltración. Para este experimento elegí tres individuos que encajarían perfectamente, si de hecho fueran reales.

Vrillon: un extraterrestre que afirma estar conectado con el Comando Galáctico Ashtar que secuestró los dibujos animados del sábado por la mañana en 1977 en el Reino Unido. Atestiguado por cientos

Val Thor: un venusino que pasó cinco años viviendo en el Pentágono, tripulación de cinco personas, incluida su esposa Jilian.

John -censurado- - Un potencial personaje de cómic que cobra vida, los escritores basaron el personaje en prácticas realmente ocultas y juran hasta el día de hoy haberlo visto en persona.

Cada individuo fue investigado y seleccionado cuidadosamente sobre el hecho de que sus casos individuales contaban con múltiples testigos oculares, incluso alguna evidencia física de interacción en nuestro mundo. Esa medida por sí sola hablaba de mayores probabilidades de interacción. Al utilizar Metatrón como antena parabólica interdimensional, esto en teoría permitiría una comunicación más fuerte y estable. ¿Qué otras reglas tuve que considerar? Es difícil decirlo, no es que haya mucho manual sobre estas cosas.

Pero aquí están los resultados correspondientes:

Si Vrillon pudiera oírme, me dejaría ir al correo de voz... por así decirlo. Años más tarde descubrí que el Comando Galáctico Ashtar no interactúa con civiles, por lo que es muy posible que ninguna interacción se debiera a que yo era un individuo al azar.

Al contactar a Val Thor las comunicaciones parecieron un poco más activas. Se borraron algunas cintas de audio y se mostró una pequeña nave esférica mientras visitaba el parque eólico local con mi familia. Algunas sesiones de audio posteriores realizadas después de que se descubrieron los archivos corruptos indicaron un intercambio hostil, pero las cosas se resolvieron rápidamente.

Lo más extraño de todo. Sesiones de audio débiles, voces que coinciden con la descripción del personaje, pero una única grabación dejada a través de una fuente anómala de estática dejó un mensaje que decía claro como el día "Si puedes oírme, -censurado- te quiere".

Para mi sorpresa, -censurado- fue el contacto más exitoso, y ha aparecido en algunos otros casos cuando un caso giró hacia el sur, ofreciendo sus habilidades. Me acerqué a un par de escritores involucrados con las historias originales y me aconsejaron que tuviera cuidado ya que -censurado- no es un hombre en quien se puede confiar y me arruinará en el momento en que le beneficie.

MARZO - ABRIL 2020

Tierra - Estados Unidos - Idaho → Carolina del Norte

Cuando comenzaron a implementarse los bloqueos de COVID en mi estado natal, me pidieron que apareciera en un programa de parodia paranormal llamado Conspiracy Cases. Era algo un poco diferente de mis llamadas habituales, así que seguí adelante y conduje. Faltaban sólo dos horas y me dio la oportunidad de pasar un fin de semana fuera. El rodaje duró sólo unas horas en un antiguo refugio antiaéreo en Boise y en mis días libres, no había mejor momento para hacerlo.

Además, esto me dio la oportunidad de visitar un zoológico local y regresar a la Penitenciaría Estatal de Old Idaho para volver a visitar el lugar donde aprendí que había vida después de la muerte. Como estaba sola durante el fin de semana, quería tener la oportunidad de visitar algunos lugares en Boise a los que normalmente no tenía la oportunidad cuando estaba con mi familia y las mujeres solo querían ir de compras. No me importa ir de compras, ¡pero hay mucho más por hacer!

Si bien me consideraban un "trabajador esencial" y podía seguir trabajando durante la pandemia, decidí comenzar a hacer documentales desde casa para perfeccionar mis habilidades y tal vez probar algo nuevo. El hecho de que tuviera un interés personal en encuentros anteriores pasó a primer plano en mi mente como un aumento en los informes de su aparición. Se imagina que el mundo se volvería loco y él emergería para ver cómo se desarrollaba todo.

Durante mi investigación, una publicación en Reddit hizolas comparaciones entre el -censurado-

con un ser de la mitología de Brenton conocido como Ankou, que es esencialmente un tipo de Grim Reaper. Cuando entré en esta madriguera de conejo, una de las historias sobre el origen del Ankou era que el ser no era otro que el primogénito de Adán y Eva. Caín, de Caín y Abel. Cuando leí esto, juraría que escuché una risa maníaca.

Casi como algo sacado de una película, recibí una llamada telefónica en una "línea directa" que había configurado brevemente justo cuando regresaba a casa alrededor de las 3 de la mañana. Un padre de Carolina del Norte estaba llamando frenéticamente a grupos paranormales y exorcistas en busca de ayuda con respecto a un ser que estaba centrando su atención en el hijo de 3 años del hombre. En el momento en que escuché en el mensaje de voz que había un niño involucrado, inmediatamente llamé al padre.

Una conversación de casi cuatro horas que detalla casi todos los clichés (olores, rasguños, voces, sombras, una habitación "muerta" donde la vida parecía ser agotada por cualquiera que entraba. aumentó en intensidad cuando la voz de lo que sonaba como un niño de cinco años El viejo dice: "Cuelga el maldito teléfono o te mato, perra".

No hace falta decir que estaba plenamente convencido de que se trataba de un llamamiento legítimo. Recibí más información del padre. Detalló que este ser aparentemente llevaba un tiempo presente, ya que el padre era un adolescente, y había estado ofreciendo un puesto como "general de algún ejército". Dado que había un esfuerzo obvio por parte del ser para establecer algún tipo de relación, le pregunté al padre si alguna vez dijo su nombre.

El padre, que no conocía los nombres bíblicos, no entendía el significado del nombre pero yo lo conocía bien.

El ser se identificó como Caín.

Naturalmente, tener al primer asesino del mundo rondando por ahí sería inquietante para cualquiera. Calmé al padre y le envié instrucciones detalladas para romper los lazos con Caín mientras terminaba la mudanza. Hasta el momento, no se han reportado más incidentes y la familia se encuentra en una nueva casa aquí en Idaho.

La misma semana después de esta revelación, un visitante apareció en mi habitación justo cuando regresaba a casa del trabajo. Eran poco más de las 3 de la madrugada, estaba prácticamente agotado y me dirigía directamente a la cama. Mientras caminaba hacia mi habitación vi a una mujer salir de lo que parecía un portal que se cerraba. Simplemente sentir la energía que emanaba de ella era abrumador.

No es que fuera nada negativo, al contrario, era muy maternal... su frecuencia denotaba que era anciana. Ella se identificó como Eva, como en LA Eva del Jardín del Edén. Ella sintió la necesidad de mostrarme algo en relación con Caín, algo que ella sentía que me ayudaría a entender a quién y a qué me enfrentaba.

Eva puso su mano en mi sien, mostrándome instantáneamente el Jardín del Edén a través de sus ojos... Caín no era el hijo biológico de Adán... Adán lo sabía y fue el primer padrastro abusivo... Caín fue manipulado para matar a su hermano, poniéndose del lado de fuerzas más oscuras... ¿con quién se puso del lado?

Me parecía familiar, casi idéntico al "hombre dragón" que vi el día que mi madrastra me apuñaló... eso fue hace tanto tiempo. Eve parecía conocerme, saber de mí, saber que yo era alguien que probablemente podría ayudar a cambiar la marea... ¿por qué?

Porque, según ella, yo era muy parecido a su hijo pero me convertí en algo mejor como ella esperaba que fuera.

Cerca de Navidad, mi abuela y mi madre estaban tratando de pensar en algún tipo de plan para alejar a mi prima menor, -censurada-, de su madre. Ha habido indicios inquietantes de algunos abusos desagradables a manos del último juguete de mi tía y presunto padre de sus dos hijos menores. Vivían en -censurado- en ese momento, a unas tres horas en auto de mi ubicación. Las visitas eran raras. Lo único que sabía con seguridad era que los hijos de mi tía no estaban atentando contra sus propias vidas antes de que llegara el "padrastro". Bueno, a las 24 horas, -censurada- llamé a mi abuela y le pedí que se quedara con ella porque su madre la había echado. a un manicomio por decir que su "padrastro" abusó de ella y le dijo -censurado- que no podía volver a casa.

Esto fue después de que (censurada) se acercara DOS VECES para pedir ayuda porque su madre estaba dejando que este pedazo de mierda la lastimara.

Nos -censuramos-, descubrimos cuánto ha estado pasando. -censurada- se acercó un par de veces antes para intentar contarnos sobre el abuso que la llevó a pensar en suicidarse, todos los mensajes enviados a las autoridades de inmediato. Convenientemente, poco después me "expulsaron" de casa de mi tía. Pero el alcance de lo que (censurado) había revelado honestamente hizo que probablemente fuera mejor que nunca volviera a ver a mi tía.

-censurada- fue dada de alta del centro de salud mental para un descanso de dos semanas, que pasó en mi casa. Aparentemente, estaba destinado a ser una especie de vacaciones para que los pacientes de larga estancia pudieran pasar tiempo con la familia y recoger sus cosas. Mi tía ni siquiera yoY mi prima tiene esa cantidad. Fue desgarrador ver todo este desastre.

Cuando -censurado- se fue, sinceramente me sentí desconsolado. Ella era una de mis primas con la que era más cercano, y saber que alguien dejó que esto sucediera deliberadamente habría hecho que cualquier defensa por "crímenes pasionales" fuera discutible si yo hiciera algo. Necesitaba una distracción, algo que me hiciera olvidar lo mucho que -censurado- necesitaba ayuda, pero no podía hacer nada. Recibí una notificación en Twitter sobre un grupo paranormal internacional, -censurado- que buscaba miembros, y pensé qué diablos. Me inscribí, ascendí rápidamente de rango y luego... bueno... fui testigo de una batalla entre el Cielo y el Infierno literal.

Esto fue la guerra

Mi intento de hacer un documental, "La caza de Olivia", fue retomado por un nuevo servicio de transmisión basado en fenómenos paranormales, con imágenes de investigación adicionales. Mi atención fue atraída a esta plataforma de transmisión por uno de los ex jefes de "La Compañía" que me pidió que lo ayudara a editar algunos clips de investigación para él. Trabajar con este hombre generó algunos conflictos y, sin saber en quién confiar realmente en estos asuntos, me alejé y perseguí mis propios intereses. ¿Fue una decisión inteligente? Probablemente no, no se ha hecho mucho con él, pero aún así es bueno salir y experimentar.

Estaba visitando a un amigo en Coeur d'Alene durante el fin de semana de San Valentín. Para -censurado- logré obtener acceso a wifi decente para poder asistir a las transmisiones en vivo que hicimos para promocionar la empresa. Hablaríamos de actualizaciones de la empresa, casos de investigación, diversas formas de fenómenos, etc.

Estaba continuando mi investigación para el documental censurado. -censurado-tenía base internacional y recopilaba informes de todo el mundo. Aparentemente había surgido un caso censurado, lo que provocó que toda la empresa asignara recursos para descubrir la verdad. Mientras estaba en la transmisión en vivo, parecía que alguien no estaba contento.

Sombras corriendo alrededor de la gente, voces misteriosas, gruñidos, todo comenzó a asustar a la audiencia, pero eso estuvo lejos de ser lo peor. Sabiendo que tenía experiencia contra esto, el CEO me pidió que hablara sobre mi teoría predominante al respecto. Cuando dije que el -censurado- era Caín, la batalla había comenzado.

En el Reino Unido, uno de nuestros miembros me envió un mensaje sobre una sensación de ardor alrededor de su garganta y estaba tosiendo sangre.

Otro miembro afirmó que una gran ráfaga de viento atravesó la puerta de su casa, seguida de sombras y una profunda sensación de miedo y frío.

Texas, una mujer afirmó haber visto tres seres midiendola. La piel alrededor de su garganta pareció comprimirse como si una mano invisible la estuviera estrangulando.

West Virginia, otra mujer tenía enrojecimiento y dificultad para respirar alrededor de su garganta.

Idaho, comencé a sentir un cosquilleo en mi columna vertebral, mi sistema se sobrecargó. Honestamente sentí como si tuviera un ataque. Tuve que desconectarme para recalibrarme. En la otra pantalla que tenía arriba, vi cómo caían más personas, dejando a los tres abrumados. Mientras uno de los chicos -censurados- que se quedaban empezó a sugerir terminar el stream, recapitulando los hechos, otro señor, -censurado- empezó a actuar de forma extraña. -censurado- se inclinó hacia su cámara web, como si intentara mirar "a través de la pantalla", inmediatamente poniendo el miedo en -censurado-. Si uno tuviera que describir la vibra que proviene de la censura, la mejor manera de describirla sería "Gané, ¿qué harás ahora?"

Por un breve momento noté algo. Cuando -censurado- iba a mencionar mi nombre, -censurado- se estremecía como si la sola mención de mí desencadenara una respuesta de trastorno de estrés postraumático. -censurado- volvió a decir mi nombre y ocurrió lo mismo. Puede que haya tenido una manera de terminar con esto. Mi problema era que (censurado) tenía varios niños pequeños en la casa y estaba dentro y fuera de la quimioterapia, esto podría haberse ido al sur muy rápidamente. Pero la inacción era lo único que garantizaba un resultado peor.

Dejé un mensaje que decía "Déjame entrar, puedo terminar con esto" en el chat de transmisión en vivo ya que solo quedaban dos en la pantalla. -censurados- se había ido, quedando -censurados- con nuestros -censurados- en ese momento. -censurado- intentaba que -censurado- hablara pero sus palabras cayeron en oídos sordos. Mi conexión web se mantuvo y pude intervenir. -Censurado- rápidamente mostró miedo pero trató de ocultarlo.

"Sé quién eres. Sé lo que quieres. Dejar. A él. Ir."

-censurado- negó lentamente con la cabeza.

"Ahora", resonó mi voz.

El ser que tomó influencia de -censurado- rompió la conexión, pero no de buena gana. Le tomó unos minutos al -censurado- recuperarse y la transmisión en vivo continuó.

Antes de que comenzara el tiempo de juego, le pregunté -censurado- qué vio mientras estaba bajo, a lo que todo lo que dijo fue "Tú ya lo sabes".

FINALES DE FEBRERO DE 2021

Mientras se avanzaba para ayudar a sanar a los más afectados por el ataque de Caín (censurado), hubo una visita de un grupo bastante inusual. Potencialmente el propio Lucifer. Lucifer parecía preocupado por uno de los miembros más afectados por el asalto, así como por la ausencia de la entidad acompañante vinculada a este individuo, que se identificó como Lillith. Lucifer estaba suplicando un favor, apelando a la parte mía que había comenzado a captar sentimientos románticos (censurados) para justificar mi participación en lo que equivaldría a una misión de rescate. Lilith había desaparecido. -censurado- ni siquiera fue capaz de sentirla. Hubo un corte deliberado... Lucifer tenía una idea aproximada de adónde se había ido, pero había algo que le impedía acercarse a Lilith. Ahí es donde necesitaba mi ayuda. Podía sentir que este ser, ya fuera EL Lucifer o no, era genuino en sus súplicas... de hecho, tuve la sensación de que estaba preocupado de que pudiera hacerle daño.

Fue con ese pretexto que acepté.

El próximoLo que sí sabía era que Lucifer pasó su mano por mi frente y fuimos transportados a algún lugar oscuro. Parecía... brillar... la luz de mi ser iluminando mi entorno. Hubo susurros, las gotas de agua resonaron a través de elaborados sistemas de cuevas. Parecía que de alguna manera nos habíamos sumergido, pero el estado en el que me encontraba hacía que el espacio pareciera mucho más vasto de lo que esperaba.

Seguí a Lucifer por algunos escalones, viendo enredaderas aferrándose a las paredes, hasta que llegamos a una gran abertura de la que Lucifer parecía protegido. No pudo pasar, a pesar de sus esfuerzos, pero la barrera no me obstaculizó.

Avanzo más y encuentro una abertura iluminada por una gran llama. Un río lo atravesaba, más plantas parecidas a enredaderas crecían en los alrededores, todas conducían a una gran piedra plana donde una mujer yacía de costado. Era Lilith, golpeada y sacudida por Caín. Me costó un poco convencerme... el hecho de que (censurado) me viera como un amigo y la posesión revelara que Caín me tenía miedo, no me tomó mucho comunicarme con Lilith. Ella se disculpó... la situación era demasiado, asegurándome que volvería -censurada- en un par de días. Fue entonces cuando la visión inducida por Lucifer se detuvo...

A la mañana siguiente, recibí un mensaje de texto (censurado) confirmando que Lilith había regresado. Según -censurado-, Lucifer confirmó que había solicitado mi ayuda.

¿Adónde me llevó? ¿Infierno? ¿Infierno? ¿Tierra interior? Con todo lo que ha pasado estoy reevaluando casi todo.

febrero - marzo 2021

El siguiente es un informe resumido de los hechos ocurridos durante y después de los ataques -censurados-:

Entidad: -censurada-

También conocido como: Hombre de las sombras

señor de las sombras

Muerte

Ubicación: Mundial

Clasificación: Entidad Inteligente Peligrosa

Nefilim probable

Potencialmente divino

ADVERTENCIA:

Esta entidad ha demostrado el potencial de causar daños importantes o incluso la muerte. Aquellos que sientan que no se encuentran en el mejor estado de ánimo probablemente deberían evitar leer este texto en detalle, ya que puede convertirlos en un objetivo susceptible. El Hombre del Sombrero es muy inteligente, probablemente más antiguo que casi todas las prácticas religiosas conocidas por el hombre, y ha demostrado ser capaz de realizar casi todas las supuestas formas de ataque espiritual. La información personal que involucra a varias personas se mencionará en este informe únicamente con fines de documentación y referencia simples. Esta información ha sido compartida por las personas en cuestión y NO pretende de ninguna manera discriminar a ninguno de ellos. Por la seguridad de los civiles ajenos a la empresa y que no han establecido una aparición pública, se han modificado los nombres.

Resumen:

Identificado por primera vez por el autor (censurado) es una entidad que visita a innumerables personas aparentemente en momentos de trauma personal. La mayoría de los testigos informan que aparece en tiempos de mala salud mental, violencia doméstica y consumo de drogas. A menudo se dice que aparece en la cama de la noche en el dormitorio de su objetivo y simplemente observa. También se sabe que aparece en lugares de tragedias importantes que pueden responder a las circunstancias mencionadas anteriormente. Parece más común que las personas informen visitas de esta entidad alrededor de la pubertad. -censurada- ha habilitado un punto de contacto en su web oficial para enviar encuentros con la entidad o solicitar su ayuda. También ha publicado dos libros sobre la entidad, las personas sombra en general y cómo tratar con ellas. Su editorial y ella misma también han registrado los términos (censurados) supuestamente como un esfuerzo por limitar la información errónea para evitar mayores daños a las víctimas potenciales.

Encuentro personal:

No sé durante cuánto tiempo esta entidad me
ha echado el ojo. Lo más temprano que puedo explicar algo similar a su presencia fue aproximadamente a la edad de tres años. Esto fue después de
que mi madrastra casi me quitara la vida, pero
pude defenderme. A la edad de catorce años, me
enteré de que mi padre estaba siendo acusado de
agredir sexualmente a una de mis hermanas; y
provocó otra visita de esta cosa. Sólo que esta vez
habló, ofreciéndome un trato para unirme a él a
cambio de la muerte de mi padre. En cuanto a qué,
no lo sé. Otras voces que llegaron atravesaron la
mía mientras gritaba para que se alejara, y eso pareció disuadirla.

Otras veces, cuando parecía que las circunstancias rodeaban más violencia doméstica, tendencias
suicidas, episodios violentos y psicóticos, etc... Para
referencia de ubicación, el incidente que involucró
al cuchillo y a mi madrastra tuvo lugar en noviembre de 1999. En 2001, de alguna manera me trans

porté 30 millas lejos de casa. Afortunadamente, el lugar donde encontré fue la casa de mis abuelos, probablemente en respuesta a un posible trauma (se ha sugerido teletransportación psíquica o abducción extraterrestre). Cuando me enteré de los cargos contra mi padre y el acuerdo posterior, era junio de 2012.

Investigación preliminar:

Fuera del libro -censurado-, no había mucha información presente para comprender completamente esta entidad o sus motivaciones más allá de los sentimientos de inquietud que numerosos testigos afirmaron haber recibido. como estoComo era un patrón continuo, la investigación oficial, como "Especialista en lo extraño" y otros títulos anteriores, quedó en suspenso hasta nuevo aviso. El procedimiento estándar consistía, y en muchos sentidos, en guiar a los clientes para que superaran los traumas que podrían haber desencadenado las apariciones del Hombre del Sombrero. Con el tiempo, perderá poder e interés. Con este velo de misterio, parecía que la entidad era relativamente inofensiva, solo una figura que disfrutaba de las desgracias lo suficiente como para influir en que vinieran. Incluso las menciones de esta entidad, y posiblemente de fenómenos relacionados, son un señuelo para problemas futuros.

Un cambio:

Durante años dejé de lado la investigación sobre esta entidad porque no parecía surgir nada nuevo. Sin embargo, en una conversación casual con mi ex, -censurada- me contaron de su encuentro con el -censurado-. Curiosamente, mostró una desviación en el comportamiento. Cuando visitó a un exnovio en el verano de 2015, informó que algo golpeó la puerta del baño y la mantuvo cerrada. Esto fue cierto cuando una aparición de sombra que coincidía con la descripción del (censurado) sacó un cuchillo y atacó a su ex pareja. No hace falta decir que la relación no duró mucho más después. -censurado- logró cumplir con todos los criterios mencionados anteriormente para la victimología -censurada- a falta de un término mejor. Tenía signos aparentes de agresión sexual infantil y relaciones evidentemente tensas con sus padres. Sufrió graves abusos cuando era niño hasta el punto de que le faltaban grandes fragmentos de memoria.

Como desafortunadamente es común para la mayoría de las jóvenes con esa mentalidad, frecuentaba relaciones abusivas que pueden o no haberle recordado inconscientemente esos tiempos. Ella nunca reunió el coraje para compartir conmigo toda la extensión de lo que había sucedido, aparte de sentirse provocada al ver escenas de la "sala de asesinatos" de la serie "Dexter" de Showtime. El relato de este encuentro despertó un mayor interés en el fenómeno porque cualquier desviación diferente proporcionaría una mejor comprensión. Las comparaciones entre relatos de otros testigos (censurados) sugieren muy pocos cambios en el modus operandi. Sin embargo, otro patrón vinculado directamente con episodios de parálisis del sueño genera aún más curiosidad.

Esto implicaba una "sombra alta y delgada" parada encima de un testigo, ya sea justo antes de quedarse dormido o de ser sacado de un sueño profundo pero sin estar completamente consciente. Es necesario señalar que estas visiones se califican como hipnagogia o hipnopómpicas (dependiendo de si el sujeto se está quedando dormido o recién se está despertando, respectivamente). Para aquellos que no están familiarizados con los términos hipnagogia o hipnopómpico, estos describen un estado mental alucinógeno. Esto hace que las imágenes de un estado de ensueño sigan proyectando imágenes de un sueño en el mundo de vigilia para los profanos. Quienes estén familiarizados con la realidad aumentada pueden estar más familiarizados con los conceptos. Como estos estados a menudo son provocados por el estrés, la posibilidad de que esta entidad también aparezca al mismo tiempo no es descartable, si no una completa alucinación de un cerebro sobrecargado.

Brote:

La locura de la pandemia de COVID-19, y el año 2020 en su conjunto, finalmente cambiaron el rumbo de la investigación. Dejé una publicación en Reddit solicitando historias relacionadas con el -censurado-. Una respuesta de un usuario anónimo me indicó la mitología bretona para ver versiones de lo que la mayoría conocería como la "Parca" o un sirviente de la Muerte. sí mismo. Esta versión se conoce como Ankou. Como ocurre con la mayoría de las versiones de mitologías en todo el mundo, existen variaciones regionales. El Ankou a veces se describe como un hombre o esqueleto con una túnica negra y un gran sombrero para ocultar su rostro. A veces incluso puede aparecer simplemente como una aparición de sombras. Una historia que intenta explicar los orígenes del Ankou afirma que es la última persona, generalmente hombre, en morir el año anterior. Otro informe dice que puede haber varios Ankou a la vez, cada uno de los cuales permanece dentro de una región específica. Quizás el más interesante de los cuentos es que Ankou no es otro que el hijo primogénito de Adán y Eva; Caín, también conocido como el padre del asesinato.

A la luz de esta información, era necesario realizar más investigaciones sobre los acontecimientos ocurridos en el Jardín del Edén que llevaron a Caín a convertirse en un asesino. Era fundamental no centrarse en un solo texto religioso. En su lugar, analice todos los relatos para tener una idea de cómo podría estar conectado el Hombre del Sombrero si existiera algún potencial para ser un remanente de los inicios de la humanidad. Si analizamos la tradición judía, resultó interesante encontrar información sobre la serpiente en el Jardín del Edén. La mayoría pensaría que la serpiente en el Jardín no es otra que Lucifer. Sin embargo, este no es el caso, sino muy posiblemente un caso de error de identidad. Lucifer figura como un ángel caído, sí. No importa qué texto religioso uno lea, él no es la figura que uno podría pensar hoy en asociación con "Satanás". Si se miran las traducciones hebreas de varios textos, uno encontrará que "Satanás" era,de hecho, se usa como verbo para denotar un "oponente, adversario, etc..." Sólo cuando tiene el prefijo "Ha", como en "Ha Satan", la palabra cumple el propósito de un sustantivo o título.

Si nos remontamos a las primeras traducciones de textos judeocristianos, sólo una entidad recibió ese nombre directamente. Ese ser se llamaba Samael, un arcángel que gobernaba sobre la Muerte misma y se especulaba que era el "padre biológico" de Caín. Después de dos semanas, recibí una llamada telefónica en mi línea directa, justo cuando regresaba a casa del trabajo, que se refería a una familia de Carolina del Norte. Inmediatamente, la vibra general de la llamada simplemente indicó que algo siniestro estaba sucediendo. Cualesquiera que sean los asuntos en juego, mis obligaciones morales me obligaron a mirar más profundamente la situación. El cliente mencionó que todo lo que tenía apego a él parecía estar centrándose en su hijo de tres años. La conversación tardó aproximadamente tres horas en completarse. Una vez que se estableció suficiente tiempo y esfuerzo para generar confianza con el cliente, este compartió todos los signos típicos de influencias demoníacas. Olores extraños, rasguños profundos, objetos arrojados, casi todos los síntomas clásicos.

Cuando el cliente, el padre de la familia, estaba solo en casa, una entidad particular que coincidía con la descripción (censurada) aparentemente se sentaba y hablaba con él sobre temas que le gustaban al padre. Cuando algo hablaba mal de la entidad, parecía que se lanzaban objetos hacia las personas para advertirles que no hablaran. También había una habitación en particular en la casa, la esposa la llamaba "la habitación muerta", donde parecía que simplemente entrar en ella causaría que uno se enfermara físicamente. Mientras continuaban nuestras charlas, admitió que hubo un incidente en el que esta entidad lo agarró por el cuello en medio de la calle y lo estrelló contra un automóvil cercano. Al otro lado de la llamada, pude escuchar al caballero caminando por su casa. Mientras caminaba para dejar salir al perro de la familia, surgió una voz secundaria, una que sonaba como la de un niño pequeño.

La familia estaba formada por marido, mujer y un niño de tres años. La esposa y el hijo ya fueron trasladados a un pueblo de Idaho. Al preguntarle al marido sobre la voz, le preguntó si sonaba como la de un niño de cinco a siete años. Al parecer, la esposa había sufrido un aborto espontáneo en ese período. No es inusual que los niños abortados visiten a sus futuros padres. El hecho de que el presunto niño gritara las palabras: "Si no cuelgas ese teléfono ahora, pequeña perra, te mataré", fue suficiente señal de alerta para justificar un estudio más profundo. Le pregunté al marido si, en algún momento durante estas conversaciones, la entidad se identificó. Obviamente, la entidad estaba tratando de establecer confianza, por lo que si vas a ser amigo de alguien, obviamente necesitas saber los nombres de los demás. El nombre dado era "Caín", y Caín estaba tratando de reclutar al marido con promesas de ser un "general" en su ejército (como lo expresó el marido). Proporcioné a la familia un sello de protección que diseñé con la ayuda del arcángel

Miguel. Inicialmente se elaboró en respuesta a un caso en Pittsburgh para ayudar a una familia acosada por el alma corrupta de un violador y asesino de niños. Este caso atrajo actividad ovni a lo largo de su duración e incluso llamó la atención de Ed y Lorraine Warren.

Al redactar este informe se desconoce si estos hechos son relevantes más allá de ilustrar la magnitud del caso. El espíritu negativo era un hombre que probablemente violó y asesinó a dos jóvenes conocidas. Con el sigilo administrado, la actividad llegó a su fin en ambos casos. En cuanto a la familia de Carolina del Norte, también cabe señalar que el padre me admitió haber experimentado con el uso recreativo de DMT a una edad temprana. El DMT es una sustancia química que algunos creen que está relacionada con el fenómeno espiritual. El hijo había mostrado "sensibilidad" temprana a elementos paranormales, que pueden haber sido influenciados por el uso de DMT por parte de su padre (que ocurrió mucho antes de que naciera el niño). Aún así, es probable que lo supere con el tiempo.

Unos días después del encuentro con la familia en Carolina del Norte, apareció en mi dormitorio una figura que se ofreció a revelar información útil para el caso. Su apariencia era baja, de aproximadamente cinco pies de altura. Escondido tras el velo de sombra que proyectaba, juré que podía ver las curvas de una mujer. Los ojos de la figura parecieron aparecer primero desde la portada, con una sonrisa amable y acogedora. Pude distinguir más detalles de su apariencia a medida que se revelaba. Parecía de ascendencia del Medio Oriente, con brillantes ojos marrones, piel de tono oliva y cabello negro rizado. Le pregunté su nombre y su respuesta fue: "He tenido muchos nombres, pero tú me conoces como Eva". Eva se acercó a mí, puso su mano en mi sien y comenzó a mostrarme visiones de lo que sólo podía suponer que era el Jardín del Edén. Tenía una sensación de familiaridad como si hubiera estado allí antes. Eve procedió a explicarme su aventura con Samael. Ella mostró cómo Adán la maltrató a ella y a Caín debido a la terrible experiencia, con Caín manteniendo un profundo resentimiento y ira.er que creció con el abuso. Finalmente, ella lo mostró chasqueando.

Abel era el típico hermano menor molesto que Adán favorecía y parecía alardear de ser el niño "favorito". Este fue el momento en que Caín se vio obligado a asesinar a su hermano, lo que provocó la famosa maldición. De la mano de Eve pude ver desarrollarse el acto. Abel logró asestar con éxito un buen golpe al golpear con una piedra la cara de Caín. Al darse cuenta de lo sucedido, Abel intentó suplicar clemencia, lo que sólo enojó más a Caín. Este es probablemente el verdadero origen de la "Marca de Caín". Los avistamientos del "verdadero rostro" de una figura de Hat Man mencionan posible tejido cicatricial en el lado derecho de la cara. Un mes después, una mujer se comunica conmigo con respecto a publicaciones en línea. Hice historias inquisitivas sobre el Hombre del Sombrero y le pregunté si sabía algo. Al enterarse de que había hecho un episodio de mi podcast dedicado a mis hallazgos hasta ese momento, ella insistió en escucharlo antes de hablar conmigo. Pronto volvió a mí asustada y me explicó que esta cosa la estaba visitando cuando nació su hijo de 5 meses. Se asustó cuando la entidad pareció centrarse en el bebé. Sin embargo, estaba aún más nerviosa ante la noticia de que la verdadera identidad del Hombre del Sombrero era Caín, ya que ese era el nombre que le dio a su hijo. Se le administró el sigilo para ayudar a protegerse del niño y no ha tenido más encuentros con la entidad.

Ingrese "LA EMPRESA":

Utilicé mi servicio de gestión de redes sociales para publicar con frecuencia un aviso en mis distintas páginas. Esto fue para comenzar a reunir más historias para trazar un documental potencial para explorar más a fondo el fenómeno más allá de la narrativa de "él es simplemente malvado" que está presente actualmente. Al recopilar más historias, los -censurados- iniciaron un esfuerzo global para recopilar más información sobre la entidad. Durante las primeras etapas de esto, se intentó hablar con Heidi directamente. Desafortunadamente, su marca registrada del término hizo que cualquier discusión más allá de eso fuera inexistente. Su razonamiento detrás de la medida fue utilizar métodos legales para frenar la difusión de información errónea que podría provocar más daños o la muerte. Sin embargo, su manera de hablar da a entender que se trata más de sacar provecho de su "descubrimiento". Como así fue, la investigación avanzó. La primera prioridad era establecer una línea de tiempo de dónde y cuándo apareció esto y recopilar testimonios completos de testigos presenciales. Tenía mis dudas sobre este enfoque. Parecía fuertemente arraigado en episodios que involucran traumas severos que a menudo quedan oscurecidos cuando la mente intenta protegerse. Aun así, era lo mejor que podía hacer. Muchos comenzaron a simplemente copiar y pegar informes de publicaciones en la página de redes sociales Reddit, algunos de los cuales fueron tomados de respuestas a mis publicaciones. Este enfoque puede parecer bastante simple para el principiante, pero obviamente demostró, en parte, el principal defecto que me preocupaba. Gracias a una secuencia de ataques los días 12 y 13 de febrero durante transmisiones en vivo en el canal censurado de YouTube, estos asuntos pronto quedaron en el olvido.

Como si estuviera convenientemente planeado, la mayor parte del daño ocurrió el día 13 cuando la entidad eliminó a los miembros del panel uno por uno, aparentemente viajando miles de millas en cuestión de minutos. Esto llevó a que un miembro, -censurado-, fuera poseído y rápidamente exorcizado en el aire; y la terminación oficial de la investigación. En las semanas siguientes, el equipo enfrentó cantidades inusuales de trauma mental dentro de la empresa. Uno de ellos incluso tuvo que tomar una baja por motivos de salud mental debido a circunstancias personales, -censurado-. El análisis del audio recopilado por mí durante estos ataques arrojó los mensajes: "Deja de cazarnos", "Destrúyelo en pedazos" y los nombres de dos miembros nombrados explícitamente como objetivos. Estos miembros fueron -censurados-.

Probablemente, varias entidades aparecieron en esas grabaciones, incluso algunas que intentaron ayudar al equipo. Otro miembro, -censurado- que estuvo en el foco del ataque, afirmó que la dejaron con niñeras designadas por los -censurados- Debido a comportamientos hostiles de los -censurados-, se desconoce si estos informes son exactos o no. Desafortunadamente, la suposición más segura a ese respecto sería asumir que, de hecho, eran falsas. Es mejor asignar los esfuerzos a ayudar a otras víctimas. Una última parte que cabe destacar es que otro miembro que no estaba en el panel, -censurado- también fue atacado al intentar realizar protecciones de Reiki. En comparación, el ataque fue menor, con síntomas similares a una leve quemadura solar. Rápidamente le aconsejaron que se alejara para protegerse a ella y a sus hijos pequeños.

Tenía el presentimiento de que Hat Man no nos iba a dejar en paz simplemente. Esto es algo que podría simplemente dar un paso hacia la izquierda y ver el mundo entero de su víctima, hasta cada movimiento de sus órganos internos y cada pequeño pensamiento en su mente. Si da un paso correcto, estará a miles de kilómetros de distancia.

Seguí investigando más, reuniendo más informes de encuentros y surgieron patrones más preocupantes. Uno involucró a un joven wHo juró venganza contra la entidad por la muerte de su padre y su mejor amigo. Otro involucró a una madre preocupada por su hija de tres años que frecuentemente gritaba: "¡Vete, hombre sombra!" Esto sería justo antes de que ella afirmara que algo la empujó escaleras abajo. Otra fue una mujer que informó que había tenido que lidiar con intensas visitas de personas en la sombra antes de que se mantuviera un contacto mínimo (censurado) para respetar su necesidad de sanar. Aún recuperándose de la experiencia, probablemente debido a recordatorios de traumas pasados, -censurados- se borraron todos los registros de la entidad de los sistemas (censurados) para evitar alentar a personas no preparadas a instigar otro ataque. No sé si esto fue coincidencia o si por algún vínculo psíquico, pero después de un par de semanas pasadas se trabajó para comenzar a cortar las energías oscuras que rodeaban a ambos -censuradas-. Se trabajaron energías ocultas en respuesta a las conexiones severas, primero comenzando con -censurados- ya que ella afirmó que los -censurados- dejaban atrás a otros -censurados- para observarla a ella y al equipo. Intenté hacer un trato con el -censurado- que le ofrecía la posibilidad de sembrar su terror sin tener que mover un dedo, a cambio de alejarse del -censurado-.

Esto fue para ganar tiempo y luego orquestar un contraataque inteligente contra el (censurado) para dejarlo impotente fuera de sus posibles deberes como una versión de Grim Reaper. A las pocas horas -censurados- se acercaron para informar que las entidades habían desaparecido. Aparentemente hubo una conversación que tuvo lugar entre las entidades que involucraba la mención de "el Conocedor". Después de que la censurada se enteró del trato, supuso que estaban hablando de mí. Reflexioné sobre una idea presentada por -censurado- de utilizar prácticas ocultas para crear alguna forma de -censurado- para combatir cualquier ataque futuro. Se diseñó otro sigilo para ayudar a crear el ser, que más tarde sería apodado el "Caballero de la Luz". El nombre se eligió mediante un contraste poético para promover la intención de ser una entidad protectora; vinculando energías del arcángel Miguel para contrarrestar la influencia potencial del único ser conocido como Satanás. Un par de semanas después de circular esta imagen, la mujer cuyo hijo estaba siendo acosado por un -censurado- se presentó y Knight of Light Sigil mencionó que su hija de cuatro años afirmó que fue salvada por el "Knight Light". Lo curioso fue que durante una videollamada la niña me vio al otro lado de la línea y se emocionó gritando: "Mamá, él es el Caballero". No se han reportado otros incidentes. Dentro de la misma semana -censurado- comenzó a recuperarse lentamente de sus tratamientos lo suficiente como para hacer más apariciones con la empresa. Se ha observado en algunas ocasiones que detrás se podía ver una figura en sombra -censurada-, mirándolo. Se especula que se trata de la misma "observadora" que -censurada- había experimentado en su propio local.

Meses más tarde, mientras estaba detrás del escenario para una reunión posterior al espectáculo después de una grabación de -censurada- agregó que había querido sacar a relucir el tema de los ángeles por alguna extraña razón y que había sido fanático de mis trabajos anteriores a través de la red de transmisión paranormal -censurada- la discusión cambió. en mi primer encuentro con la niña conocida como Olivia. Al escuchar esta discusión, -censurado- confesó haber soñado con una niña extraña que nunca antes había conocido. Cuando me dio una descripción aproximada de cómo era la niña, me familiaricé lo suficiente como para investigar más a fondo.

¿Cómo haría esto? Bueno, convenientemente, tengo un tío por parte de mi madre -censurado- que físicamente parece que podría ser mi hermano gemelo. Al crecer, estábamos confundidos el uno con el otro todo el tiempo. -censurado- tiene tres hijos, un niño y dos niñas gemelas, que no solo parecen ser mías sino que todos tuvieron fases en las que me llamaban papá. Saqué una foto de bebé de una de las gemelas y, censurada, me puse histérica. La foto del bebé era casi idéntica a la niña que vio, pero afirmó que la visitante de sus sueños era unos años mayor. Busqué una foto en la que aparecieran yo y las dos niñas, que en ese momento tenían alrededor de tres años, y (censurada) me asusté aún más. La única otra persona que creía haber visto a Olivia era -censurada-, la idea previamente sostenida de que mi hija potencial solo era visible para familiares de sangre fue descartada cuando -censurada- se presentó. La razón por la que no fue censurado fue porque ella y yo descubrimos que teníamos herencias genéticas similares, por lo que se consideró la posibilidad de que de alguna manera tuviéramos un parentesco lejano, pero aún no se había probado. -censurado- también proporcionaría aún más información.

Cuando comenzó la investigación sobre el Hombre del Sombrero -censurada- fue el único integrante que adelantó haber tenido experiencia previa con la entidad, que involucró agresiones físicas ocurridas cuando tenía alrededor de catorce años. También recordó pesadillas en las que estaba sentada en total oscuridad y veía el verdadero rostro del Hombre del Sombrero mirándola desde arriba. otra nocheLas pesadillas que ella creía que estaban conectadas con la entidad compartían el mismo tema general de estar completamente sola en un momento de crisis, posiblemente reflejando miedos internos de no ser "lo suficientemente bueno" para tener relaciones saludables. Después del ataque tuvo que ausentarse del centro (censurado) para hacer frente a problemas de salud mental. Por respeto, elijo no entrar demasiado en detalles sobre cuáles fueron esos problemas, ya que no son relevantes para la situación en cuestión y para respetar su privacidad.

Curiosamente, una noche tuve un sueño que reflejaba las pesadillas recurrentes (censuradas) que había compartido conmigo, aquellas en las que ella estaba sola en la oscuridad con el Hombre del Sombrero mirándola desde arriba. Sólo que esta vez pude interceptar el sueño y acercarme al ser por detrás para atacarlo. Al día siguiente, -censurado- comenzó a comunicarse más con los miembros del equipo. Cuando pude hablar con ella -censurada- y descubrí que no sólo teníamos edades cercanas (ella nació en diciembre de 1995 y yo en enero de 1996) sino que teníamos perfiles muy similares en astrología, capacidad psíquica y genética. herencia. Ambos incluso teníamos vínculos con entidades fuertes, a menudo vistas como polos opuestos.

Investigaciones adicionales a través de (9-5-8) me ayudaron a descubrir que ella y yo estaríamos aproximadamente a la misma distancia de una línea ley menor. Se especuló que estas conexiones harían posible que (censurado) y yo nos enviáramos mensajes a través de la aplicación Necrophonic, y que Olivia hiciera apariciones entre nosotros dos. Fue a través de (censurada) que pude obtener suficiente información para representar una imagen de Olivia a través de aplicaciones similares utilizadas para el progreso de la edad en fotos de niños desaparecidos. Mientras grababan episodios de su podcast lograron capturar la voz de una niña que decía "Ding dong" como si estuviera tratando de llamar su atención, así como lo que sonaba como una "mamá" cansada. La segunda captura de EVP encendió la especulación de que -censurada- podría haber sido su verdadera madre, pero pronto resultaría que la teoría no tenía mucho fundamento ya que surgió información que proponía la posibilidad de que Olivia no estuviera viajando sola. La imagen de -censurada- también se utilizó para representar la imagen de Olivia, con la que -censurada- más tarde confirmaría que era una coincidencia exacta.

De esta información se desprenden dos posibilidades. La primera fue que Olivia no estaba sola, sino que estaba siendo guiada por "mami". Surgieron informes de personas que afirmaban tener sensibilidad a energías paranormales, afirmando que Olivia parecía estar sosteniendo la mano de alguien pero el testigo no podía ver una figura. La segunda posibilidad, que aún puede tener algún mérito es que -censurada- tuviera cierto parecido físico con la verdadera madre de Olivia y la propia Olivia pueda tener problemas de visión. Una conexión entre -censurado- y yo se pondría a prueba aún más cuando -censurado- un mensaje de emergencia que comenzara con "Llama a Dakota, creo que acabo de ver a Olivia".

-censurado- había mencionado que una pequeña niña de cabello rubio había sido vista por su casa, desde antes de conocerme, por lo que es posible que Olivia haya estado vigilando a ciertas personas desde hace bastante tiempo además de visitarme. El mensaje de emergencia contenía un SOS que detallaba -censurado- haber visto a Olivia momentos antes de ser atacada y potencialmente poseída por una entidad en la sombra. Cuando se presentó la posibilidad de posesión, -censurado-

y comencé a trabajar en un exorcismo a distancia para cortar la conexión -censurado-. Tenía un funcionamiento necrofónico que me ayudó a controlar la situación. Olivia avisó cuando se cortó la conexión con -censurado- y pronto nos llamaría a -censurado- y a mí. Fue entonces cuando supimos que -censurado- estaba siendo obligado físicamente a evitar el teléfono a toda costa, sintiendo la sensación de que algo estaba creciendo. Cada vez me enojaba más cuando pensaba en llamarme para pedir ayuda. La imagen renderizada de Olivia fue mostrada más tarde (censurada), a lo que él confirmó con la distinción que no pudo ver claramente su rostro.

La niña de papá... ¿del espacio exterior?

Hasta donde yo sé, Olivia apareció por primera vez en mi vida a la edad de doce años. Aunque con los acontecimientos recientes, es posible que haya existido por más tiempo, aunque la posibilidad de que quede un viaje en el tiempo hace que establecer una línea de tiempo sea casi imposible. Olivia aparecía al azar cada vez que mi mente se deslizaba hacia un lugar más oscuro, para ofrecerme palabras de aliento. Otros tres incidentes tuvieron lugar en los que Olivia aparecía para advertirme de una muerte inminente, ya sea para ofrecerme apoyo o para advertirme de un peligro inminente. Representación de "Olivia Hope" basada en un total de 13 testigos.

El segundo encuentro se produjo el día que perdí a mi abuelo materno, el padre de mi madre, a causa del cáncer. Ella apareció y se ofreció a dejarme usar su vista para ver los últimos momentos de mi abuelo a través de un viaje astral. Yo habría estado en la habitación personalmente, pero como hermano mayor tenía la tarea de mantener a los más pequeños y a los perros encerrados en una habitación separada para evitar que estorbaran la salida.personal de la agencia. Ni ella ni yo nos dimos cuenta de que mi abuelo estaba en una condición que le permitía verla en la habitación. El tercero tuvo lugar en octubre de 2014. Tuve un accidente automovilístico, atropellado por una camioneta que iba a 60 mph.

El impacto fue lo suficientemente fuerte como para quedarme inconsciente. Sin embargo, creo sin lugar a dudas que Olivia apareció en el auto momentos antes del impacto, gritando "¡Papá! ¡Estar atento!" El tercero tuvo lugar en abril de 2016, mientras estaba en París, Francia. Mi grupo de turistas estaba en un crucero en barco por el río para admirar el espectáculo de luces de la Torre Eiffel cuando de repente empezó a llover. El grupo y otros en el barco se escondieron en la cubierta de abajo para esconderse de los elementos mientras yo permanecía en la superficie. Al principio, un golpe en mi hombro me dio la impresión de que estaba obstaculizando la fotografía de alguien. Cuando miré hacia atrás para ver quién era, me sorprendió ver que era mi abuelo al lado de Olivia. Los dos mencionaron que no iban a visitarme con tanta frecuencia porque ya no necesitaba tanto su guía. Puedo validar a partir de grabaciones de EVP de varios casos que mi abuelo todavía revisa de vez en cuando para ver adónde me llevan mis empresas.

Este informe probablemente no sería tan largo si Olivia hubiera dejado de aparecer. Con el tiempo me di cuenta de que ambos sólo estaban tratando de ayudarme a seguir adelante. En cuanto a por qué Olivia se ha vuelto más activa, todavía es materia de especulación. Después de unirme -censurada- creé dos películas para la red de streaming -censurada-, una titulada "La caza de Olivia", para explorar más sobre lo que sabía sobre la "Paradoja de Olivia", como la llamé. El otro fue "Bonds of

Beyond" diseñado para explorar la superposición entre el fenómeno ET/OVNI y el fenómeno espiritual. También cabe mencionar que hubo un experimento anterior titulado "La caza de tierras infinitas" que inspiró aún más a Bonds of Beyond.

De todos estos proyectos surgieron una serie de nombres de entidades que pueden estar mostrando interés.

Estas entidades son las siguientes:

Miguel Arcángel

Gabriel Arcángel

Metatrón

Yeshuah

Nombre real de Jesús

Se traduce directamente al nombre de Josué.

¿Yahvé?

¿El?

¿Ashtar?

¿Vrillon?

¿Atenea?

-censurado-

Conocido simplemente como "John" en Bonds of Beyond

-censurado-

Se basó en información oculta real.

Varias personas involucradas en la creación (censurada) afirman que lo vieron e interactuaron dentro de nuestro mundo.

Después de que se llevó a cabo una sesión de caja de espíritus, se dejó un mensaje de audio para Dakota con una fuente inexplicable de ruido blanco que decía: "Si puedes oírme, -censurado- te quiere".

Aleister Crowley

Se llevaron a cabo comunicaciones con Spirit Box para comunicarse con Crowley y ver si sabía algo sobre el -censurado-.

Ha ofrecido ayuda en la lucha.

Al interactuar con -censuradas- dos entidades más entraron en foco

Lucifer

Lilith

-censurado- ofreció consejos sobre más entidades que vale la pena estudiar, que se cree que están conectadas con los pleyadianos.

Artemisa/Diana

Apolo

También se llevaron a cabo experimentos de contacto con ovnis centrados en los miembros del Comando Ashtar, produciendo interesantes vídeos de la aparición de objetos extraños. Al dirigir la atención hacia la tripulación de Ashtar, aparecía Olivia. También debe mencionarse que aparentemente por casualidad tuve un sueño en el que me llevaban a una habitación de hospital futurista donde una mujer yacía en la cama mientras sostenía a un bebé. Olivia estaba sentada al lado de la mujer y al darse cuenta de que yo estaba allí, me miró y me dijo: "Papá, ven a conocer a mi hermanito". Cuando desperté, la palabra "Tachyonis" salió de mi boca. Una búsqueda rápida en Google reveló una partícula teórica, que se especulaba que estaba involucrada en los viajes en el tiempo, que varios grupos de la nueva era afirmaban que era la fuente de la capacidad de los viajes espaciales de los Pleyadianos. Al día siguiente, -censurada- (médium psíquica) me mencionó que necesitaba algún día hablar de mi experiencia.

-censurada-, que se hace llamar -censurada-, también me hizo una "minilectura" a través de una llamada de Zoom donde la voz de Olivia llegó por el altavoz. Todas estas interacciones ayudan a generar aún más imágenes de la potencial madre de Olivia y de una versión adulta de su hermanito.

INFORMACIÓN DE PERSONAS OMITIDAS DEL REGISTRO PÚBLICO POR PRIVACIDAD

Proyecto: Knightshade

Con la influencia añadida de los extraterrestres parece que -censurados- puede estar al borde de algo que cambiará el mundo, ojalá para mejor. No sé si es del todo cierto que mis propios asuntos son un catalizador para que esta serie de eventos evolucione, pero como cualquiera puede ver sería una tontería de mi parte no incluirlo. Realmente siento que nos están dejando un rastro de migajas que nos llevarán a la verdad última sobre la realidad.

También se dice que la regla más importante al trabajar con el Comando Ashtar (o Federación Galáctica) es que si se ofrecen a ayudarnos, NO PODEMOS retener esa información para beneficio egoísta. Si trabajamos juntos, podríamos llevar los esfuerzos de nuestras organizaciones a nuevas alturas. este informeEsto no señala el final de la investigación. Yo mismo he pasado la mayor parte de trece años tratando de comprender la situación de mi hija. Sin embargo, ha quedado muy claro que esto ha sido parte de mí durante mucho más tiempo.

Mi herencia familiar tiene más de 400 años de sensibles paranormales, psíquicos, brujas, lo que sea (hasta donde yo sé). En el año 2020, justo cuando comenzaron estos eventos (censurados), mi estado natal, Idaho, tuvo el mayor número de avistamientos de ovnis reportados en los EE. UU. Crecí en un pequeño pueblo embrujado. La habitación en la que intenté quitarme la vida era la misma habitación en la que terminé después del posible incidente de abducción extraterrestre cuando tenía seis años. También era la misma habitación en la que falleció mi abuelo y vio a Olivia por primera vez.

Recuerdo visiones del logo -censurado-. Hay demasiado aquí para que todo sea coincidencia. De cara al futuro, sugiero profundizar el estudio sobre el Comando Ashtar. Así como establecer más perfil sobre los -censurados- y posibles formas de desviar futuros ataques, por si acaso. Algunos de los patrones indican que el próximo viaje a Japón puede tener algo más esperándonos, en territorios que ya son peligrosos. Planeo investigar más sobre métodos ocultos para brindar seguridad a los miembros (censurados) y al público al que divulgamos esta información. Creo que los japoneses tienen un equivalente de muñecos vudú que podríamos usar como una especie de sustituto en caso de que nos ataquen. Recomiendo encarecidamente que mantengamos ciertos datos personales fuera para la protección y el respeto de todos los involucrados, independientemente de sus posiciones actuales o indiscreciones anteriores. En caso de divulgar esta información al público, debemos alimentar a las masas para atraer más pistas potenciales que puedan ser beneficiosas para la investigación.

Debido a las restricciones de marcas mencionadas anteriormente, tendremos que llamar a los censurados por otro nombre. Puedo sugerir el nombre "El Señor de las Sombras", como lo llamo en mi libro "Dear Kota: Time to Fess up". Una vez que estemos listos, podremos presentar nuestros hallazgos al público. Esta puede ser una oportunidad para ampliar el enfoque de la empresa en mejorar la salud mental. En lugar de presentarlo como un documental de terror, mi idea es algo más parecido a la presentación formateada de Los Vengadores. Todas las formas de personas, dentro y fuera del mundo, se unen para combatir a un enemigo común y mejorar el mundo a medida que avanzamos. Esto también proporcionará formas de comercializar otras marcas relacionadas con censura y brindará a los miembros participantes la oportunidad de promocionar sus propios trabajos. Si esto va a funcionar, necesitamos a todos. Los miembros activos de -censurados- que figuran en este documento deben tener máxima prioridad para unirse.

También habrá oportunidades disponibles para que otros participen.

Revelaciones extraterrestres

2 DE MARZO DE 2021

"Enfermería marciana"

Al parecer una noche normal, cuando los ataques (censurados) parecían estar llegando a su fin, me llevaron a lo que parecía una habitación de hospital sacada de Star Trek, siendo conducido por un hombre con cabello largo y castaño que tenía aproximadamente mi altura. Las puertas metálicas se abrieron de lado y dejaron ver a una mujer acostada en una cama con un bebé recién nacido en brazos. Olivia estaba con la mujer, colgando sobre su hombro. Olivia se da cuenta de que estoy en la habitación y dice: "Papá, ven a conocer a mi nuevo hermanito". Camino hacia el lado de la mujer y le sonrío al bebé recién nacido, que se parecía mucho a mí. La imagen de la mujer de alguna manera estaba siendo bloqueada como un personaje oculto en un videojuego.

Mientras miraba al niño y le daba un beso a mi hija, miré hacia una amplia ventana a mi izquierda y vi que el paisaje fuera de las instalaciones se parecía a la superficie marciana. Atónito, le pregunté si era allí donde estábamos y el hombre simplemente se rió entre dientes, como si supiera que iba a hacer ese comentario, antes de empezar a corregirme. Cuando comenzó a decir el nombre del lugar, sonó una alarma e inmediatamente el hombre me agarró del hombro y dijo: "¡Tenemos que sacarte de aquí ahora!".

Obviamente me sentí abrumado. Quería decir y ver al bebé pero también estaba tratando de descubrir qué diablos estaba pasando. Lo siguiente que supe fue que estaba volando físicamente hacia mi habitación a través de la pared como algo sacado de Peter Pan. Me quedé brevemente sobre mi cama antes de sentir que algo tiraba de mí hacia abajo con suficiente fuerza como para que el marco de metal de la cama se rompiera en varios lugares e incluso atravesara la pared.

Tierra - Estados Unidos - Idaho - Entre Filer y Curry - Justo al lado de la autopista 30

Conduciendo a casa después de una fiesta de Halloween o cumpleaños, una nave de forma octogonal de color naranja brillante aparece de repente a unos 10 pies en el aire justo al costado de la carretera. La nave no parecía tener más de 15 a 20 pies de diámetro y se bamboleaba. Breves vislumbres en la ventana mostraron seres de apariencia gris, que parecían tan sorprendidos de verme como yo de ellos. El barco desapareció antes de que tuviera la oportunidad de detener el auto e intentar tomar una foto.

Las especies probables de grises figuran como Airk, esencialmente geólogos intergalácticos. Idaho, conocido como el "Estado de las gemas", tiene varios lugares donde se pueden extraer cristales. Los Airk generalmente no interactúan con la gente, en su mayoría solo usan la Tierra como una parada rápida antes de despegar a otro lugar.

Algunos me han preguntado si hubo algún "mal presentimiento" acerca de este encuentro, posiblemente debido al prejuicio hacia aquellos que encajan en la descripción "Gris". Pero no, más que nada sorpresa. Esos seres parecían tan sorprendidos de verme como yo de ellos.

FEBRERO 2022

Me notificaron sobre un individuo en el Reino Unido que supuestamente padecía múltiples dolencias médicas gracias a una maldición generacional inculcada por la diosa Kali. La historia me contó que el caballero, plagado de dolencias tan graves que estaba atado a una bolsa de colostomía, había sido agredido sexualmente por alguna forma de súcubo; y que su situación era el resultado de una maldición impuesta a su familia. Al parecer, su abuelo había cometido atrocidades durante episodios de violencia religiosa entre hindúes y musulmanes en la India; Una joven en particular que fue agredida sexualmente por él tenía una figura paterna que fue quemada viva y que pudo haber sido un sahir.

Entonces, para decirlo en términos sencillos, estaba tratando con un joven que estaba tan dañado por una figura paterna vengativa...

Se hizo evidente que algo desagradable estaba ligado al joven. Las historias de basura literal metida en la garganta de la mujer probablemente fueron la fuente de las alteraciones abdominales, y la súcubo... inmediatamente eso sonó como venganza. No sería la primera vez que me encuentro con una entidad que confunde a la gente, si se tratara de una maldición generacional, algo tan pequeño como tener un fuerte parecido familiar podría ser suficiente para que la "maldición" se transfiera.

Desafortunadamente, tuve que pasarle esto a alguien más cercano al cliente, pero no después de haber hecho al menos un intento de hablar directamente con la entidad en cuestión. Investigué a Kali, organicé un poco de canalización/invocación usando una combinación de mis métodos de protección y un impulso psíquico (remojar mis pies en agua salada) para ponerme en un trance lo suficientemente profundo como para acercarme al cliente y dirigirme al ser por sí solo. césped.

Cuando hice contacto, la súcubo claramente estaba tratando de profundizar más en el físico del cliente para causar más daño. Centrado en su neblina estaba el cliente, casi mareado por la atención. Quedó claro que algo más estaba motivando esta maldición. Las imágenes que me invadieron son difíciles de describir, como dos dioses distorsionando la realidad por capricho para tratar de superarse el uno al otro, pero al ver que no me dejaba influenciar tan fácilmente, logré ganarme suficiente respeto por el traje para llevarme de regreso al momento en que comenzó la aflicción. .

A través de los ojos de la víctima, vi a los soldados quemar vivo a su "padre", el espíritu del padre gritando de ira y maldiciendo.ng venganza ya que fue violada. La ira que sentía dentro... la conocía muy bien. Ni siquiera hacía falta hablar inglés, entendí todo perfectamente. Luego, la visión avanzó en el tiempo hasta tiempos más modernos... mostrando al cliente empezando a aprovecharse de una joven.

Logré convencer a la entidad de romper su conexión, ver al hombre tratando de dañar a otro reavivó viejos enojos, pero esa noción estaba desgarrando el alma y corrompiendo su ser. ¿Realmente deseaban que su otra vida fuera desgarrada por la venganza? Ceder a esas emociones, al menos en teoría, hizo que muchos demonios literales... tuvieran que dejarse ir. Pero el daño causado probablemente fue irreparable. Si este ser estuviera diciendo la verdad sobre lo que el cliente estaba haciendo, no necesariamente tendría problema en dejarlo pudrirse... pero incluso yo sé que tratar de vengarse de aquellos que nos hacen mal generalmente no equivale a nada más que desollarte solo para tener algo con qué golpear a los demás.

Había una condición que tenía que seguir para romper la influencia de la entidad, para alejarme también, la cual, dadas las circunstancias, acepté y dejé el razonamiento al hecho de que no tenía los fondos necesarios para dirigirme personalmente al Reino Unido para realizar una investigación adecuada y tener El pago del cliente por mi billete de avión estaba mal. Algunas personas bastante turbias intentaron reclamar el caso, pero no sé qué pasó con ellos. Mis fuentes del otro lado dicen que llevaron al ser a otro lugar para que se le permitiera sanar, lo cual fue un alivio en sí mismo porque el ritual de comunicación que hice para realizar la prueba me dejó físicamente débil y apenas capaz de salir de ella. cama durante unos tres días.

Entrevista con -censurada- en Bald and Bonkers Show, la información sobre varias especies ET mencionadas en este texto y sus consejos guían mi búsqueda de respuestas a nuevas alturas. Logré hacerle una pregunta, ya que varios indicios insinuaban que tenía una esposa con una vida separada, si alguna de las relaciones que tenía aquí abajo se consideraban trampa. La reacción, obviamente inesperada, provocó bastantes risas. Pero -censurado- sugirió que si alguien involucrado en un programa de semillas estelares tuviera una pareja romántica, la de su pareja en esta vida probablemente le recordaría inconscientemente su otra vida. Esto generó una idea.

Dado que tenía la foto de Olivia, ¿qué pasaría si usara IA para eliminar mis rasgos y crear una posible foto de su madre? Utilicé una función en una aplicación de teléfono llamada FaceApp (una función que ahora se eliminó) para tomar una foto de Olivia y usé fotos en línea de varias celebridades de las que estuve enamorado a lo largo de mi vida para mejorar ciertas funciones.

Finalmente, cuando llegué a cierto punto en el proceso de creación, mi corazón se hundió y

comencé a emocionarme. Salí corriendo, llorando
a las estrellas pidiendo perdón porque... al ver su
rostro... ciertos recuerdos comenzaron a aflorar.
Los sentimientos detrás de ellos, los más confusos
de todos, fueron aquellos en los que sentí que de
alguna manera le había fallado. Sentí que no era el
hombre que ella y los niños merecían tener en su
vida, literalmente cayendo de rodillas bajo las estrellas. En un momento de silencio, vi un destello
de luz moviéndose por el cielo y sentí como si alguien estuviera tratando de llamar mi atención. La
luz dirigió mi atención hacia las Pléyades. Si esto
fue intencional o no, no lo sé, pero lo que más se
destacó fue la voz que escuché que respondía a mis
gritos...

"Está bien Dakota, te escuchamos, lo sabemos".

24 DE ABRIL DE 2022

Tierra - Estados Unidos

Mientras grababa un show en vivo, un invitado
expresó interés en CE5, contacto y varios temas
más. Su verdadero nombre fue revelado al aire a
través de una sesión de caja espiritual. Después de
grabar, revela un recuerdo en pantalla que creía

que cubría un secuestro. Recordó haberse visto a sí misma cuando era una niña con un camisón de temática navideña, cuando la sacaron de su casa y vio un "alce que se resistía".

Iron City Paranormal captura una extraña anomalía que involucra una cámara SLS y una computadora en la que me tenían sentado durante una videollamada. O captaron una proyección que salía de mi computadora o algo que manipulaba físicamente la señal wifi para hablar conmigo. Me invitaron a través de una videollamada a un caso para ver si tenía alguna sensación psíquica del antiguo salón de tatuajes y, para abreviar esta entrada, cada vez que tenía la sensación de que algo estaba sucediendo, capturaban alguna forma de anomalía.

Tierra - Estados Unidos - Idaho - Twin Falls

Me estaba quedando en casa de un amigo de la familia mientras esperaba que la nueva casa estuviera lista para mudarme. Mi auto estaba en el taller, así que caminaba hasta su casa desde el trabajo, que era apenas más de una milla. Afortunadamente, el clima estuvo agradable la mayoría de las noches. Trabajaba de noche para no tener que lidiar demasiado con las altas temperaturas.

Una noche, era una noche bastante clara, decidí tocar los tonos CE5 del Dr. Steven Greer mientras caminaba. Con la aplicación, descubrí que si jugabas con las páginas de la aplicación un ciertoDe esta manera, los tonos no dejarían de reproducirse y le permitirían reproducir al menos dos grabaciones separadas a la vez. Esto permitió un poco de experimentación que podría requerir un poco de trabajo para replicar, ya que las actualizaciones recientes solucionaron esta laguna.

Reproduje la grabación denominada "tonos de círculos de cultivos", frecuencias escuchadas por dispositivos de grabación electrónicos mientras documentaba probables formaciones de círculos de cultivos ET. Lo emparejé con el tono denominado "secuencia de Fibonacci", una representación de sonido con la secuencia matemática de Fibonacci incrustada en ella. La idea principal detrás de los protocolos CE5 era permitir que los humanos rodearan a los funcionarios gubernamentales y establecieran contacto con los extraterrestres. Los diferentes tonos presentados en la aplicación probablemente producirían diferentes tipos de manifestaciones. Mi idea era utilizar el tono "estándar" y combinarlo con la secuencia de Fibonacci, que se observó que ayudaba a que las formas de energía más sutiles se manifestaran más fácilmente.

El sonido se dirigía a través de unos auriculares para que sólo yo pudiera oírlo. Esto fue en parte una tapadera para mí, así que en caso de que alguien entrara en pánico al ver a un extraño de 6'7" caminando por la noche y me llamara a la policía, yo era solo un tipo caminando a casa y escuchando música. El otro propósito ayudó a dirigir el sonido hacia mi sistema para poder sentir las cargas electromagnéticas que a menudo tenían lugar en mi cabeza y que parecían fluir en sincronía con los tonos del CE5.

A los 15 minutos de mi caminata, aproximadamente el tiempo que la aplicación señala que debería tomar para que algo se manifieste, una nave de diamantes de color gris oscuro apareció justo encima de mí. Tenía otros ejemplos de posibles naves en la distancia que parecían responder a los tonos, pero estaban lo suficientemente lejos como para aparecer como puntos de luz.

Cuando lo noté por primera vez, realmente pensé que tal vez un búho grande estaba volando desde el árbol de 40 pies al lado del cual estaba. Luego, el barco voló directamente hacia la luz de la luna llena, proyectando una tenue sombra. El diamante estaba lo suficientemente cerca como para que pudiera distinguir claramente el diseño sin costuras del metal, la falta de cualquier tipo de luces, etc... estaba lo suficientemente cerca de donde si hubiera sido más rápido en sacar mi teléfono, habría atrapado un maldito buena foto. Cuando pude hacerlo, la nave despegó. Calculo que volaba a unos buenos 100-150 pies del suelo.

27 DE SEPTIEMBRE DE 2022

Una entrada rápida en el diario

El área amplia parecía brillante. Un ser bajo, piel verdosa pálida, grandes ojos ovalados, me vio llegar mientras me quitaba la ropa y me ponía un uniforme. No reaccionó. El uniforme era gris metálico, con una franja azul en el torso. Se vistió apresuradamente, buscando a alguien. Encontré una cara aparentemente familiar. ¿Elradon? Alto, piel más oscura, ojos más grandes, cráneo algo más pronunciado. Le pregunté si mi esposa o mis hijos estaban cerca y dijo que no los había visto. Debe estar en misión. Encontré una nota dirigida a mí, con letra de mujer. ¿Otra pista? La única palabra que recuerdo es Enoc...

2 DE OCTUBRE DE 2022

Una entrada rápida en el diario - Recall Dream Estuve en la Tierra, principalmente. Barrio suburbano. ¿Indiana? Recuerdo haber visto los Grandes Lagos mientras corríamos hacia abajo en una pequeña embarcación. Posiblemente a finales de los 80, principios de los 90 según los vehículos cercanos. Dos figuras llevaban a un niño, una niña que vestía un vestido rojo brillante con temática navideña. Una de las cosas, probablemente Greys, pasó un dedo largo por su cuerpo. No pareció notar que me escondía en su nave. Mientras les tendía una emboscada, descubrí más niños. Más hombres, GFW, ayudaron en la recuperación y limpiaron a los niños para que no lo recordaran.

Cuando regresamos a la nave principal, recuerdo mirar por una amplia ventana mirando la Tierra. Otro hombre se acercó a mí para ver cómo estaba, aparentemente esta iba a ser mi última misión por un tiempo. El otro hombre, alto, con rasgos faciales muy cincelados... ¿Ahel Pleyadian? Le pregunté si pensaba que los niños estarían bien, a lo que me aseguró, preguntándome qué pensaba sobre el próximo despliegue de mi enviado. Hice un comentario acerca de preguntarme si alguna vez vería a esos niños allí abajo y si lo recordaría. El otro hombre sonrió, le guiñó un ojo y dijo algo como "No te preocupes, lo harás. Sólo recuerda el alce". Luego, el hombre levantó tres dedos formando un triángulo y los presionó contra mi frente. Retrocedí y le pregunté qué estaba haciendo, a lo que dijo: "Conoces el protocolo, estás a punto de irte y debemos asegurarnos de que tú y los niños estén a salvo".

A respiró hondo y cedió. Al despertar, me di cuenta de quién era el niño y quién era el Pleyadiano...

Una entrada rápida en el diario: recordar mensaje

Lo siguiente resonó en mi cabeza durante una meditación de recuerdo, como si fuera una especie de mensaje de voz.

Eres Alerayon Teuitre de oraa nataru Shari. Usted y su familia participan en la hibridación y brindan ayuda a través del programa Envoy. Seleccionaste un recipiente preparado con sangre Taali para permitirte aprovechar los potenciales psíquicos cuando te encontraras con la oscuridad. El que conoces como el arcángel Miguel también pertenece a este linaje. Pero las cosas no son como usted cree.

No sé si lo escuché correctamente o incluso lo deletreé.Los nombres son correctos... después de un mayor análisis le pregunté -censurado- si conocía algún ser que coincidiera con la descripción del que vi y si él, en algún momento, trabajó con su contacto. Ella confirmó que, de hecho, había un caballero que coincidía con la misma descripción que le di, a lo que le revelé que podría haber sido yo. También fue un shock leer que ella y yo nos conocimos antes de que yo viniera a la

Tierra para esta misión de enviado. Lo que explicaría por qué me sentí tan obligado a buscarla, ella era un hilo genuino de quién yo era realmente.

En cuanto a la conexión con el arcángel Miguel, es una conexión que necesito establecer más. La conexión fue sugerida por primera vez por sacerdotes a los que consulté por primera vez con respecto a las primeras apariciones de Olivia. Sin embargo, otros incidentes, principalmente relacionados con Hat Man/Caín, indicaron una implicación mucho más personal.

Uno de los testigos sobre los que elaboré un perfil me reveló un incidente en el que Caín (o alguien que él controla) lo atacó en una biblioteca y un misterioso extraño con una poderosa vibra angelical vino al rescate. Hubo un brillante destello de luz y ambos desaparecieron. El único marcador de ese incidente que quedó fue una quemadura de primer grado en la mano del hombre de la letra M. Dada la situación, el testigo llegó a la conclusión de que su misterioso salvador pudo haber sido el arcángel Miguel. ¿La parte más rara? El testigo alegó que Michael y yo nos parecíamos notablemente, casi como si fuéramos parientes consanguíneos.

9 DE OCTUBRE DE 2022

Tierra - Estados Unidos - Idaho → ¿Base lunar?

Me recogieron en una pequeña embarcación. Mis hijos, mi esposa y un cuarto ser estaban todos presentes. Hicimos un viaje a viviendas en la luna (posiblemente) simplemente para tener tiempo para nosotros mismos y discutir el futuro. Ahora que supe el nombre de mi nave Pleyadiana, eso me abrirá a aún más. También parece que se confirma que uno de los últimos niños que ayudé a rescatar es alguien que conocí y tuve como invitado en el Bald and Bonkers Show. El Ahel Pleyadiano, fue -censurado-. -censurado- confirmó todo esto...

11 DE OCTUBRE DE 2022

Tierra - Estados Unidos - Idaho

Una entrada rápida en el diario

La joven de entradas anteriores, la que -censurada- y yo (junto con otros) logramos rescatar, ha sido informada de la revelación. Programé una videollamada para contárselo debido a la importancia de la información, claramente dando con algo que ella había estado tratando de descubrir durante años pero no tuvo suerte. Estaba prácticamente arrastrándose por la pantalla cuando le dije. Es posible que también se presenten otros posibles niños rescatados, pero no hay confirmación.

22 DE OCTUBRE DE 2022

Tierra - Estados Unidos - Idaho
Una entrada rápida en el diario
Representación AI de la pirámide voladora
Hay mucha charla a través de las líneas etéreas. Sospecho que en parte puede tener algo que ver con la conferencia del GSIC en Orlando. También había una pirámide gigante en el cielo que vi afuera de mi casa mientras salía a trabajar. O al menos a primera vista parecía una pirámide blanca brillante, pero se siente como si tuviera más dimensiones. Duró apenas medio segundo. ¿Posible Merkabá? Es un tipo conocido de artesanía que ciertas especies de ET usan... basada en proyección psíquica. tendré que vigilar...

6 DE NOVIEMBRE DE 2022

Tierra - Estados Unidos - Idaho - Jerome

Mientras estaba grabando un directo, mi madre me envía un mensaje de texto que decía: "Sé que esto puede parecer estúpido, pero pensé que acabo de ver un objeto verde estacionario en el cielo cerca del trabajo". Mi madre es operadora del 911 en cuatro condados, su trabajo está estacionado en -censurado-. Cuando tiene tiempo, a menudo se detiene en los cercanos Ridley's, Walmart o Dollar Tree para comprar refrigerios de última hora que le ayuden a pasar el turno de noche.

Debería ser interesante notar que tuve una comunicación telepática aproximadamente dos o tres días antes con mi familia estelar. Se dice que si uno tiene este tipo de conexiones, puede poseer la capacidad de comunicarse libremente además de compartir habilidades psíquicas.

Mientras conducía de camino al trabajo, me acerqué y recibí una respuesta de mi hijo. El mensaje exacto que dejé fue: "Si tienen tiempo y es seguro hacerlo, ¿pueden saludar a su abuela?". Mi hijo simplemente dijo con una sonrisa: "Claro, papá, lo entiendo".

Una cosa es decir que hubo una respuesta inmediata. Mi esposa y mis hijos sabían que, si bien los aceptaba con los brazos abiertos, todavía estaba tratando de trabajar para procesar toda la situación. La idea era probar un experimento para ver si mis hijos estarían dispuestos a presentarse ante una parte neutral, alguien que tuviera muy poca idea de la situación, pero que supiera lo suficiente como para contactarme de inmediato en el momento en que sucediera algo. Sin embargo, todavía tenía que ser alguien con quien mis hijos tuvieran una conexión emocional (alguien a quien quisieran conocer personalmente). ¿Qué niño no querría ir a ver a la abuela y al abuelo?

24 DE NOVIEMBRE DE 2022

Iveena parece haber estado de visita (censurada) para ayudar con su progreso. Logramos identificarla positivamente a través degh la IA generó imágenes de ella y los niños; validando personalmente las visiones que he estado viendo. Parecería que ella y los niños comparten información sobre sus visitas a otros con la anticipación de que se comunicarían conmigo para obtener validación. El nivel de detalle en la visión se vuelve difícil de determinar si estoy físicamente allí o no, supongo que es de esperarse. Sin embargo, un leve comentario -censurado- sobre nuestros hábitos sexuales y el de Iveena terminó siendo validado en el proceso. Tengo otro hijo en camino, otra niña. Iveena quería esperar hasta Navidad para revelarlo pero nos tomamos unos momentos para hablar sobre algunos nombres. Irene...

Ni siquiera puedo compartir la noticia con todos. Uno de mis mejores amigos todavía se muestra escéptico sobre mis orígenes extraterrestres, otro está casi sin duda comprometido. -censurados- se están abriendo a ello... pero todavía falta. Las mismas personas con las que comparto el Día de Acción de Gracias se sienten vacías y me ven como nada más que un perro de basura demasiado grande.

Quiero a mi familia. Me han llamado la atención que aparentemente hay una manera de irme, de estar con ellos, pero supuestamente la Ley Galáctica me prohibirá regresar hasta que la Tierra esté lista para la integración interplanetaria. Nuestro trabajo es construir el puente para que los Terran se unan a la Federación, y parece que eso comenzará en dos años.

¿Eso significa que me iré? No puedo decir que no diría que no...

Iveena, Olivia, Michael y ahora Ireena...

Si esto sigue avanzando como parece... seré un hombre afortunado.

26 DE NOVIEMBRE DE 2022

Anoche, mi compañero de reparto potencialmente comprometido del principal programa de entrevistas de la empresa empezó a asistir a una de sus supuestas sesiones de contacto. Un factor lo suficientemente "raro" entra en juego para evitar que lo estrangule por completo por su orgullo, sin embargo, cuanto más abre la boca, más aprendo; algo que parece no comprender todavía.

Si un adivino habla con el ego, entonces ese adivino debe ser ignorado, porque su ego los cegará para siempre de las verdades que realmente puedan ver. Especialmente uno que esquiva y desvía la dirección en el momento en que se enfrenta.

12 DE DICIEMBRE DE 2022:

-censurado- abandonó mi empresa, lo que demuestra probablemente un compromiso por parte de Grays. Las personas con las que se asociaba promovían abiertamente la interferencia de Gray. También estuvo en desacuerdo con mi manejo de un par de incidentes en los que ella estuvo involucrada. Principalmente que "no me puse de su lado".

La primera es cuando hablé de una pelea que tuvo lugar en una transmisión en vivo. -censurado- aparentemente estaba hablando de cómo me vieron expulsando a Caín durante el incidente del Día de San Valentín y de cómo logré crear un sello curativo que podría combatir fuertes influencias negativas. Alguien en el panel -censurado- preguntaba sobre la validez de las afirmaciones. Fue muy profesional al respecto. Sintió que la forma en que me pintaban hacía sonar como si estuviera "enfrentándose cara a cara con Thor (de los Vengadores) en las calles de Nueva York". Inmediatamente -censurado- se ofendió y empezó a disparar. Todo se calentó, e inmediatamente la gente empezó a volar mi teléfono tratando de pintar -censurado- con mala luz. No respondí de inmediato porque estaba tratando de dormir un poco antes de ir a trabajar.

Logré convencer a las reinas del drama de que me dieran una marca de tiempo, para poder ver lo que pasó y no tener que perder el tiempo tratando de encontrarla mientras me preparaba para ir a trabajar. -censurado- estaba haciendo una pregunta honesta. No estaba siendo sarcástico ni nada por el estilo, solo estaba tratando de reconocer que mi historia es un poco más inusual que la mayoría. Incluso dejó claro que tal devoción ciega era un juego peligroso.

El segundo incidente involucró acusaciones de insultos raciales. -censurada- estaba transmitiendo sus quejas en una transmisión en vivo debido a que alguien la llamó "niña blanca". Miré lo suficiente de la transmisión para descubrir con quién estaba enojada y me acerqué para conocer su versión de la historia sin hablar con él (censurado). Esto simplemente la enojó. Cuando dejó la empresa, simplemente intentó retratar la situación mientras la expulsaban lentamente y se ofendió porque yo no le rogué que se quedara.

Todos, excepto yo, eran legalmente considerados autónomos. Podían entrar y salir cuando quisieran. Todo esto fue firmado en papeleo para proteger los intereses de todos.

Me aseguré de hacerle saber que su comportamiento era inaceptable, que todo estaba arreglado para que la gente entrara y saliera cuando quisiera y que su ego no era deseado.

Un tercer incidente que involucró a -censurado- y al caballero al que intentaba gritarle racismo, su nombre era -censurado-. En otra corriente, algo parecía estar afectando -censurado- hasta donde estaba encorvado de dolor.

Para mí, parecía que estaba teniendo problemas con el apéndice.

Para -censurada- y las otras supuestas brujas, estaba poseído y todas empezaron a sacar crucifijos. Esta ignorancia me cabreó.

Toqué el tono del sigilo de protección, aumentando lentamente el volumen. Las brujas se pusieron silenciosas y tensas, como si algo estuviera persiguiéndolas.Los g y se quedaron acurrucados en un rincón, pero -censurados- respondieron. Aumenté el volumen y -censurado- parecía que ya no sentía dolor, sólo respondía a mi voz. Lo guié de regreso a la superficie sin incidentes. Más tarde esa noche, sin embargo, hubo un interesante giro de los acontecimientos.

Recuerdo haber entrado en una habitación oscura, con -censurado- acostado desnudo en lo que parecía una mesa de operaciones. Estaba vestido con un uniforme plateado, acompañado por mi esposa y mis dos hijos mayores. Estaba realizando una especie de examen y recordé haber visto una especie de sustancia viscosa negra en su interior -censurada- ubicada justo alrededor de sus caderas y pude extraerla sin incidentes. Sin embargo, noté cierta irritación en la región que no pude operar directamente. Era como si solo estuviera autorizado a limpiar la sustancia negra y estabilizar la condición (censurada) a un nivel lo suficientemente seguro como para que los médicos de la Tierra pudieran manejarlo.

Mientras nos disponíamos a ayudar a (censurado) a vestirse, mi esposa me indicó que debía tomar nota mental de una marca de nacimiento que (censurado) tenía. Le pregunté por qué, a lo que ella me explicó: "Vas a recordar esto para advertirle que vaya al médico; probablemente necesitarás algo que demuestre que realmente lo examinaste".

Hice una broma acerca de que ella no lo había señalado antes. Ella simplemente sacudió la cabeza y dijo que debería escuchar mejor porque ella sí me lo dijo, señalando el incidente en el que tuve una visión de una exnovia infiel y vi un tatuaje en el chico para ayudar a validar lo que vi.

Primero nos llevamos a casa (censurados) antes de que mi esposa me dejara. Inmediatamente a la mañana siguiente me desperté con un mensaje grupal con -censurado- y un par de otras "brujas" hablando con -censurado-, vagamente bailando sobre el incidente. En el chat le conté -censurado- punto por punto lo que pasó la noche anterior y que sería muy buena idea que llegara pronto al hospital para que lo revisaran. Incluso señalé dónde vi una marca de nacimiento para solidificar mi punto. -censurado- se emocionó con la información que le di, diciendo que era como si estuviera leyendo su expediente médico palabra por palabra.

Dos días después, -censurado- acaba en urgencias con una hernia rota, exactamente donde le dije. Mientras estaba en el hospital, -censurado- aparentemente había un médico que parecía como si alguien hubiera superpuesto mi cara a su cuerpo.

Cuando esa situación se calmó, me puse a pensar en lo que me dijo mi esposa sobre buscar marcadores de identificación. Fue entonces cuando me di cuenta -censurado- que no era la primera persona a la que tomaba. Los demás de los ataques de Caín también los tomamos yo y mis "colegas". En algunos casos, yo era sólo una cara familiar para consolar al paciente. En otros tomé un papel más activo. También hubo incidentes con estas mismas personas en los que hacía comentarios sobre cosas que solo habría sabido si estuviera íntimamente familiarizado con ellos, o al menos si hubiera ido de viaje a la playa.

11 Y 12 DE FEBRERO DE 2023

El 11 de febrero invité -censurada- al programa para hablar sobre su libro -censurado- y lo último sobre ovnis siendo que los "tictacs" eran tema de discusión entre las masas. Durante el espectáculo se produjo la habitual interferencia esperada. Quería preguntar sobre el potencial de ataques con armas de energía más directos después de haber tenido un sueño. Algo en el sueño en sí parecía demasiado detallado para ser simplemente una imagen aleatoria.

Recuerdo estar en una ciudad donde los rayos de luz incendiaban cosas. Miro hacia arriba y veo un barco enorme donde los rayos parecían originarse antes de casi ser golpeado por uno. Por alguna razón, la impresión que tuve fue que este sueño estaba teniendo lugar en Texas, un lugar en el que solo estuve durante una escala en Dallas/ Fort Worth.

Le pregunté sobre el potencial de futuros ataques con armas de energía para -censurarlos-, reteniendo cualquier detalle específico para ver qué podría tener. Todo lo que tenía que decir al respecto era que los ataques eran probables. A la mañana siguiente, descubro que mi prima de 16 años, -censurada-, y nuestra abuela sufrieron un accidente por volcadura. El vehículo dio seis vueltas, casi expulsando a mi abuela a pesar de que estaba abrochada con el cinturón. La abuela se llevó la peor parte, lo cual fue especialmente inquietante porque era una paciente de ataque cardíaco. Sin embargo -censurado- y mi abuela sobrevivieron y se curaron completamente de sus heridas.

FEBRERO - MARZO 2023

Me llevaron a bordo de un barco donde el resto de mi familia esperaba adentro, algo nerviosos por lo que vendría. No fue necesariamente una vibra negativa... más bien anticipación. ¿Para qué exactamente? Resultó que íbamos camino a una reunión familiar cerca de Sirius B, de donde es mi esposa. El sector fue liberado de la influencia negativa que involucraba a los Grises, y a los miembros de GFW se les permitió salir para visitar a las familias que quedaron atrás.

La razón de la anticipación, la ansiedad, fue el hecho de que Iveena no se fue exactamente en buenos términos, algo que ella y yo nos unimos cuando dejé Taalihara. Pero esta vez fue diferente. Naturalmente, quería volver a conectarse con su familia, simplemente tener la opción de verlos, inclusoaunque su madre en particular y ella tuvieron una relación un poco tensa a veces. Pero esta visita tenía algo más importante detrás, Olivia y Michael aún no habían conocido a sus abuelos en persona. Iveena tampoco les había contado a sus padres sobre la bebé Ireena todavía, con la esperanza de dejarlo como una sorpresa.

Cuando llegamos recordé haber quedado hipnotizado por las estructuras cristalinas. La sensación en el aire era como algo sacado del viejo manga de Sailor Moon, representaciones de "Crystal Tokyo" como se mostraba. Cristal, metal, naturaleza... todos trabajando al unísono para crear un paraíso futurista. El sonido del metal resonando bajo nuestro tacto, el constante cielo crepuscular gracias al débil sol en el sistema estelar, esto era demasiado intenso para ser algún... sueño o alucinación. Cuando empezamos a acercarnos a cierto edificio, había un aire de emoción y nerviosismo. Ya era hora.

Un hombre y una mujer salieron a recibirnos frente a su casa. Ambos medían aproximadamente seis pies de altura y parecían humanos. Las sonrisas de éxtasis en los rostros de todos los que estaban a su alrededor revelaron suficientemente quiénes eran estas personas. La mujer se parecía mucho a Iveena, grandes ojos verdes tipo anime, de marco más pequeño debido a su edad pero con una salud inmaculada. Tenía esta manera de simplemente proyectar sus emociones hacia los demás, como podían hacer muchos en su mundo. También se sabía que las mujeres allí eran bastante expresivas físicamente y conocidas por su capacidad sexual. El padre de Iveena era un hombre más alto, de rasgos algo redondeados y cabello rubio sucio y canoso. No encajaba con la apariencia casi anime de otros en este mundo, creo que originalmente era un Ahel. Cuando se acercó a mí para abrazarme, fue como si estuviera saludando a un viejo amigo.

El amor, la alegría, la felicidad, la emoción rápidamente desbordaron mis sentidos. Fue extraordinario sentir tal conexión con estas personas. En el interior había otras personas esperando, amigos de la familia del lado de Iveena que buscaban reunirse. La madre de Iveena sabía que yo vendría a la Tierra y colocó una proyección holográfica en la habitación en la que estábamos para que casi pareciera una cabaña de vacaciones. Las máquinas escaneaban nuestras secuencias de ADN para preparar una especie de comida gelatinosa que tenía un sabor magnífico. Una parte de mí no quería abandonar las festividades.

Fue durante una charla educada que la madre de Iveena soltó algo aparentemente aleatorio que arruinó las vibraciones de la noche. Parecía ser del tipo que tenía tendencia a dejar escapar cualquier cosa que tuviera en mente, sin prestar mucha consideración a cómo podría afectar a los demás. Ella me había preguntado cómo estaba mi padre.

Naturalmente estaba confundido. Todavía era temprano para descubrir cómo recordar estos eventos y el "padre" por el que pensé que me estaba preguntando ahora se encuentra en una prisión de Arizona. Casi podía escuchar a Iveena tratando de indicarle a su madre que no insistiera aún más con la pregunta, tratando de decirle que no recordaba mucho. Esto sólo provocó más preguntas de mi parte, a lo que Iveena dejó escapar un gran suspiro y dejó la comida que sostenía, murmurando que "era sólo cuestión de tiempo..."

No fue el padre que tuve en la Tierra, gracias a Dios, sino mi padre de Taalihara. Iveena explicó que mi padre había estado en la Tierra para recuperar el tiempo perdido después de que me instó a irme de casa, sintiendo que de alguna manera me había abandonado cuando más necesitaba una familia. Él mismo había contratado a un enviado, no uno del mismo programa en el que yo estaba necesariamente, pero había suficiente programación genética en la línea familiar para hacer posible este arreglo. Iveena me hizo concentrarme profundamente en sus ojos, colocando sus dedos contra mi sien, algo que había hecho un millón de veces antes para ayudarme a relajarme.

"Piensa, Dakota. Ya te diste cuenta de que las personas a veces pueden verse y actuar de manera similar a sus otras encarnaciones. Tu padre no está -censurado-, realmente no deberías tratar con él, pero esa es tu elección al final del episodio. Piensa en el día que dejaste Taalihara, cuando tu padre te dijo que te fueras, ¿a quién te recordó?

Durante unas semanas antes de este viaje, mi supuesto amigo y hermano de armas había tratado de convencerme de que él era de alguna manera mi padre de mi ET que quedó encarnado, tratando de alejarme de aquellos que intentaban ofrecerme ayuda. Jugué con la ilusión, esperando que fuera simplemente una cuestión de que él estuviera torciendo las cosas, pero este desliz fue más que suficiente para poder abordarlo de verdad.

Después de todo, estos seres me salvaron la vida. Ellos son mi familia. Han estado ahí para mí en las buenas y en las malas, y aparte de tener dudas debido a las circunstancias extraordinarias... nunca he dudado de sus intenciones. -censurado- estaba dando un millón de razones que varias personas se han presentado queriendo abordar.

Entonces... ¿quién era mi padre? Sólo un hombre que conocí en la Tierra cumplía con todos los criterios... mi abuelo, quien me crió como si fuera suyo.

En el momento en que me di cuenta, comenzaron a regresar más recuerdos. Respuestas a preguntas que tenía sobre la conexión aparentemente espiritual que mi abuelo y yo teníamos desde una edad temprana.

Tierra - Estados Unidos - Idahola

Mi hermana menor -censurada- ha confirmado con su médico que se encuentra en la fase inicial de embarazo.

El 13 de mayo recibí la visita de una joven que se parece mucho -censurada-. Hablamos de su hermano mayor, que abortó, y de que así supo que podía hablar conmigo. Estaba preocupada por sus padres, especialmente por su mamá, porque las consecuencias de acciones -censuradas- la molestaban. La niña también reveló que su nombre estaba -censurado-, que nacería con poco menos de 10 libras y que probablemente nacería antes de la fecha prevista de parto, el 5 de diciembre.

Finales de abril - mayo de 2023 estimado
Misiones de la Federación: Despliegue

Estas últimas semanas he tenido visitas intermitentes, todas aparentemente relacionadas con asignaciones de la Federación. Recuerdo sensaciones de puro agotamiento de adrenalina, como si estuviera en movimiento. Un truco que he seguido para saber si ciertas visitas arriba fueron recientes, o en mi "otra vida" fueron si tenía pelo o no.

Si era calvo, entonces actuaba como Dakota.

Si tuviera pelo, sería Elaryon.

Para este, tenía pelo.

Fue un despliegue grupal. El sigilo era fundamental. Como forma de suprimir la información de la Tierra, aquellos de nosotros que también estamos vinculados al programa de enviados recibiríamos especial atención para garantizar que los bloques en las naves terrestres sean efectivos para garantizar que los mínimos detalles de combate lleguen a la población terrestre.

Es curioso cómo esto se relaciona con el momento en que me encontré (censurado). También cabe señalar que aproximadamente una semana después de conocerse -censurada-, mi hermana fue objeto de una posible acusación de terrorismo interno después de que alguien usó un número de teléfono falso para hacerse pasar por ella y amenazó a su jefe con disparar en el lugar. Ella trabajaba en un centro de vida asistida para adultos con necesidades especiales. No hace falta decir que acabó perdiendo su trabajo.

En aras de una divulgación completa, mi hermana no ha estado tomando exactamente las mejores decisiones sobre con quién se asocia y esto podría ser simplemente un incidente en el mal momento. Su antiguo jefe es conocido por iniciar peleas y mentirle a la policía, probablemente manipuló a un papá bebé con problemas mentales para que hiciera toda esta basura...

Pero dentro de las 24 horas posteriores a la última vez que -censurado- fue invitado a mi programa, y hablé sobre posibles ataques con armas de energía directa que se acercaban, mi abuela y mi prima de 16 años -censurada- terminaron en un desagradable vuelco que los expulsó parcialmente. mi abuela a pesar de que tenía puesto el cinturón de seguridad. Lo mejor es controlar cuánto revelo en ciertos canales. Parece que ciertos métodos se han visto comprometidos. O eso... o mi historia de malos tiempos continúa hasta el día de hoy.

4 DE MAYO DE 2023

Ubicación desconocida: implementación de la federación

Pasillo grande, yo estaba en un escuadrón de cinco. Los otros cuatro, seres humanoides. En mis brazos estaba esta gran cosa gris con tentáculos débiles flotando hacia los lados. Parecía una versión más pequeña de los invasores de las películas del

Día de la Independencia. ¿Posible Negamuk? No estoy seguro. Cabe señalar que en esta visión tenía cabello.

Negamuk dijo que pronto se uniría a GFW... ¿fue esto un vistazo al futuro? ¿O estaba viendo las cosas a través de los ojos de otra persona? Pude sentir todo en ese momento, no había manera de que hubiera sido algún sueño intenso... ¿verdad?

27 DE MAYO DE 2023

Tierra - Estados Unidos - Idaho

Hubo otra visita. Esto ha sido un poco repetitivo. El lugar donde me llevaron parecía oscuro, apenas había suficiente luz para decir dónde había algo en la habitación. La habitación en la que me encontraba parecía casi exageradamente alta como la de Hollywood, las paredes estaban cubiertas con lo que parecían jeroglíficos egipcios y había un trono hecho para acomodar a alguien con una estructura gigante.

Mientras apunto esto, esta puede haber sido la sala del trono donde conocí a ese ser por primera vez después del incidente con mi madrastra... el trono estaba vacío y parecía como si hubiera estado así por algún tiempo. Cabe señalar que cerca de este momento una figura prominente, cuya descripción coincide estrechamente con la que vi, fue detenida y las mareas de la guerra estelar estaban cambiando a favor de la Federación. Enlil... ¿fuiste tú? Si hubiera aceptado tu trato... ¿quién sería ahora?

31 DE MAYO DE 2023

Tierra - Estados Unidos - Idaho
Posible Intel/retirada del mercado
Sala quirúrgica. Poco iluminado. Atado a una mesa. Estaba debilitado y torturado. Mi pecho se abrió cuando esta cosa metió su mano dentro. Podía sentirlo todo, pero comencé a disociarme de todo. El ser parecía humano, pero los ojos parecieron cambiar a los de un reptil. Se burló de mí, presionando un dedo en mi sangre y luego frotándolo contra mi boca. Chillidos agudos salieron de la boca del ser, como si estuviera tratando de decir algo. Una explosión se produjo en otra habitación, el ser y otros con él huyeron. Recuerdo haber visto a un hombre alto y rubio verme desmembrado, deteniéndose en estado de

shock por un breve momento antes de correr hacia mí. Una vez que pude ver que el hombre era amigable, apoyé mi cabeza en la mesa a la que estaba pegado y ese fue el final de la visión.

1 DE JUNIO DE 2023

Tierra - Estados Unidos - Idaho
Posible Intel/retirada del mercado
Ciudad futurista. Estaba en un evento, miré like algun tipo de concierto con amigos. Estaba con una mujer, junto a otra pareja. La mujer se parecía a mi esposa, pero un poco más joven, casi una adolescente de unos 20 años. La otra pareja tenía la piel más oscura. El hombre, que se parecía al guardia del incidente de la "Enfermería Marciana" mencionado anteriormente, se sentía como si fuera su mejor amigo. Era alto, de piel oscura, voz profunda...

El evento estaba terminando y este otro ser y yo fuimos llamados a un consultorio médico para ayudar a las mujeres embarazadas que experimentaban complicaciones. Realizamos exámenes exhaustivos y rápidamente pudimos ayudar a las mujeres, salvando a los bebés, todo aparentemente tan fácil como poner una venda en un corte de papel. La bahía médica pudo mostrar cómo era el padre, parecido a una iguana humanoide... las complicaciones del embarazo en sí parecían ser causadas por una coincidencia de ADN incompatible... similar a los casos conocidos de incompatibilidad RH.

Mi colega y yo centramos nuestra atención en separar a las mujeres, intercambiando información a medida que avanzábamos con los procedimientos. Las unidades médicas podían encargarse de todo, estábamos prácticamente ahí como apoyo emocional, siempre y cuando las máquinas no fallaran. Si lo hicieran, nos correspondería a nosotros tomar la información proporcionada por los puestos médicos antes del mal funcionamiento para administrar los tratamientos adecuados y evitar daños mayores.

4 DE JUNIO DE 2023

Ubicación desconocida: recuperación de memoria

Zona oscura. La sensación en el aire era como la de una base militar. Recuerdo haber visto el destello de un ser alto. Esbelta... femenina... con

mucho mando. Yo estaba con varios otros soldados, todos alineados en formación. No recuerdo
haber visto a esta mujer antes... pero estábamos a
punto de entrar en algo caliente y pesado. Se esper-
aban víctimas.

3 DE JULIO DE 2023

Tierra -> Estados Unidos -> Arizona - Idaho

Primera entrevista para Civilian Disclosure
Project. Se encuentra sujeto -censurado- que muestra signos evidentes de un despertar psíquico
basado en un trauma. Probablemente secuestrado
para actividades relacionadas con el SSP cuando
era joven. Ella reveló que un intento de quitarse la
vida fue la causa probable de su conciencia de su
situación. He estado hablando con ella de forma
intermitente personalmente porque quería comunicarse y conocer mi perspectiva de que ella y yo
estamos aproximadamente en el mismo grupo de
edad. La entrevista fue bien, identifiqué dónde estaban apareciendo sus bloqueos mentales, lo que
indicaba miedo a decir demasiado. Al cabo de 12
horas, recibí un mensaje (censurado) preguntándome si pospondría la publicación de la entrevista.

Debería haber esperado esto, pero respetaré cortésmente sus deseos. Cabe señalar que ella comenzó a actuar distante después de ver el sello de protección. Sólo el tiempo lo dirá.

8 DE JULIO DE 2023

Tuve una entrevista (censurada) para el Bald and Bonkers Show en la que se notaron algunas interferencias y voces débiles en la grabación, como si alguien estuviera tratando de piratear las frecuencias. La entrevista fue en vivo para que otros la escucharan. Es muy probable que las voces fueran de mi esposa y -censuradas-. En las semanas siguientes surgieron algunas controversias relacionadas con -censurado-... la situación era lo suficientemente grave como para que una voz se oyera mientras estaba en el trabajo diciéndome que regresara a casa lo antes posible.

La controversia se había extendido a -censurado- y se expresaron temores de que yo fuera comprometido debido a... información mal entendida. Salí a las ondas para dirigirme a los cobardes demasiado obsesionados con el drama para denunciarlos, asumiendo la responsabilidad de mis acciones y agradeciendo (censurado) a quien en realidad abordó sus preocupaciones conmigo directamente. Quería arremeter más... pero tenía otros asuntos mucho más importantes. Me enojó más el hecho de que alguien se atreviera a insinuar remotamente que haría cualquier cosa para dañar a alguien que me ayudó a comprender mi situación y encontrar a mi familia. Tengo con esa mujer una inmensa deuda de gratitud y va en contra de todo en lo que creo como individuo intentar cualquier cosa para hacerle daño. Especialmente porque su contacto era un viejo amigo y mi antiguo oficial al mando de la Federación. Volamos juntos, peleamos juntos, él conocía a mi familia... naturalmente no lo culpo por estar enojado por la posibilidad. Sé quién soy, sé lo que represento... y que me condenen si dejo que alguien considere eso como especulación.

Aprovechando el momento... pregunté -censurado- sobre alguien que en realidad estaba comprometido y tratando de influir en mi forma de pensar. Ella había confirmado que sabía que algo estaba pasando pero no quería alterar la amistad... si tan solo no hubiera algo incordiándome durante algún tiempo diciendo que necesitaba eliminar a este individuo de mi vida.

13 DE JULIO DE 2023

Mi hermana menor -censurada- se hizo un chequeo prenatal, para determinar el sexo del bebé, así como monitorear los quistes ováricos que suelen presentarse en las mujeres de mi familia. Para decepción de mi hermana, el médico confirmó que probablemente el bebé sea una niña. Principalmente porque, como era típico entre hermanos, ella no quería admitir que yo tenía razón.

Además, la joven que probablemente rescaté cuando era niña antes de venir a la Tierra, encontró viejas fotos familiares que mostraban exactamente el vestido que llevaba, ayuda.Estoy validando el marco temporal de nuestro encuentro mutuo antes de que yo fuera "Dakota". Es una sensación un poco surrealista encontrar estos hilos hacia otra vida. Me pregunto si así es como se sienten los pacientes con amnesia.

Me desperté de un sueño, la última vez que vi algo con tanto detalle significaba que alguien venía al mundo o se preparaba para irse. Había una chica, -censurada-, que no había visto desde la secundaria. Parecía mayor, obviamente, con un peinado diferente, pero la reconocí de inmediato.

Como algo sacado de un programa de televisión de médiums psíquicos, el sueño se presentó como si fuera su espíritu tratando de acercarse después de haber sido asesinado. Reconozco que el área está fuera de -censurada- en un área más suburbana. Había estado jugando con drogas pesadas y eso terminó provocando que la mataran. Fui yo quien intentó encontrar el cuerpo. El cuerpo fue encontrado entre un montón de basura, cerca de un complejo donde operaban algunos de los principales traficantes. Cuando fue recuperada, hubo un enfrentamiento.

Al parecer los traficantes que la mataron eran conocidos por tomar restos humanos como trofeos. Los miembros intentaron intimidarme y mostraron su colección de cabezas humanas cortadas. Nuevamente, todo esto estaba en el estado de sueño.

Cuando desperté, inmediatamente la busqué. Había demasiado realismo en las imágenes. Me tomó un segundo recordar el apellido por el que se llamaba. Una vez que recordé eso, encontré súplicas públicas en las redes sociales de personas que pedían amigos por correspondencia en prisión a quienes escribir (censurados). Profundicé un poco más y encontré registros judiciales que involucraban varios cargos de drogas en su contra desde 2016. Su última fotografía policial coincidía casi a la perfección con la forma en que vi su cadáver en el sueño. Debía quedar en libertad condicional pronto, pero es obvio que se está produciendo una espiral descendente.

Sinceramente, no estoy seguro de qué hacer con este. Hay rumores de traficantes en la zona conectados con el cártel mexicano. Y ha pasado tanto tiempo desde que ella y yo nos vimos, y su comprometido estado mental podría haber borrado cualquier recuerdo que tuviera de mí. El hecho de que haya entrado y salido sola de prisión puede impedirle correr este destino.

Se informó a las autoridades sobre avistamiento masivo de ovnis. Una nave triangular que fue avistada por primera vez al sur de Hollister, justo sobre la línea Idaho/Nevada, voló sobre Twin Falls, luego fue avistada en Jerome, Shoshone, antes de posiblemente ser interceptada por otra nave militar y conducida hacia Sun Valley. El único medio de comunicación que incluso lo mencionó apenas le dio la atención de una broma pasajera.

Un contacto mío en un centro de despacho local me avisó después de que recibieran diez llamadas sobre una extraña nave que volaba bajo. Estaba lo suficientemente cerca como para poder echar un vistazo, pero no pude encontrar un escape fácil de mi trabajo civil para hacerlo a tiempo. Literalmente acababa de registrarme. La razón por la que despertó interés fue que era la primera vez que el centro de despacho recibía tantas llamadas telefónicas sobre una nave que volaba bajo. Las llamadas en sí no estaban necesariamente fuera de lo normal, la mayoría de las veces se trataba de personas que asumían que aviones pequeños estaban a punto de estrellarse, sin darse cuenta de que había una pequeña pista de aterrizaje privada en el área.

¿Pero mucha gente llamando por lo mismo? Entre las agencias de la zona se realizaron unas 30 llamadas

Recibieron suficientes llamadas y pude obtener una ruta de vuelo sólida. Los vídeos respaldaban que esa noche había algo en el cielo que apenas hacía ruido. Los radares de vuelo no lo mostraron ni a él ni a los aviones ocupantes. Para que mi contacto no se metiera en muchos problemas por discutir asuntos relacionados con el trabajo con un extraño, me enviaron un enlace a un grupo de Facebook donde se estaba discutiendo el incidente en tiempo real.

Mi mejor evaluación fue que se trataba de un vuelo de prueba militar. No es raro para esta época del año. Mientras monitoreaba los medios de comunicación, también me enteré de que aparentemente el ejército local y la rama del FBI en Salt Lake pueden haber tenido algo que ver en acabar con la cobertura de prensa sobre los ovnis allá por los años 40 con el engaño del platillo de Twin Falls. El "engaño" fue un pequeño OVNI de 30 pulgadas que fue encontrado en el patio trasero de una persona y descartado como una broma elaborada realizada por adolescentes desconocidos. Esto ocurrió aproximadamente tres días después del accidente de Roswell, Nuevo México.

24 DE AGOSTO DE 2023

A las 6:15 am de esta mañana estaba paseando a mi gato y noté una luz extraña sobre mi casa que comenzó a moverse por sí sola. Saqué mi teléfono para grabar un video del incidente y permaneció a la vista, avanzando poco a poco en el cielo. Era solitario, variaba en intensidad de luz y parecía volar de sur a suroeste hacia la línea de Nevada. Por extraño que parezca, parecía que el objeto desaparecería y reaparecería en un punto anterior de su trayectoria varias veces. A medida que salió el sol, el objeto se volvió menos visible en comparación, obviamente, pero aún brillaba lo suficiente como para ser visto a simple vista y capturado por la cámara. El incidente duró unos 50 minutos antes de llegar a su fin.

3 DE SEPTIEMBRE DE 2023

Una luz naranja atravesó el cielo mientras yocomo salir a trabajar. Eran alrededor de las 7 de la tarde... todavía había luz afuera.

19-22 DE OCTUBRE DE 2023

Tierra - Estados Unidos - Orlando, Florida - GSIC

Este es un evento que simplemente estoy señalando que tiene un alto potencial. Se está celebrando una convención en Orlando, en la que estarán presentes y serán oradores aquellos que han ofrecido la mayor cantidad de pruebas relacionadas con mi caso. Esto debería ponerse interesante. Algunos de mis métodos de comunicación, basados en la adivinación y la caja espiritual, también han indicado que es posible que tenga una sorpresa esperándome.

19 DE OCTUBRE DE 2023

Llego a Orlando después de un día de viaje. Verla -censurada- y abrazarla por primera vez pareció desencadenar flashbacks del día -censurada- y la rescaté. Posiblemente una cápsula de escape, o una bahía de estasis vacía... ¿de qué se trataba eso?

Como siempre -censurado- desencadenó flashes, su discurso sobre el Resurgimiento de la Atlántida. ¿Tuve algo que ver con la evacuación masiva? Tal vez.... Durante la sesión con -censurada-, enseñó a los asistentes cómo "llegar al cielo". Dejando a un lado las bromas sobre el culto al suicidio, las imágenes que vi parecían mucho más intensas que las de otras que describían su situación. Recuerdo haber visto cientos de niños, paisajes hermosos, allí arriba me vieron varias personas más que no estaban en la conferencia. ¿Estaba obteniendo una visión general de todos los demás? Podría ser. Mis conexiones son un poco más complicadas que la mayoría. También recuerdo haber visto a mi otro abuelo, el padre de mi papá...

-censurado- fue otro relato fascinante. Su experiencia de tener 20 años y más, paralela al abuso, encaja en las teorías sobre por qué mis conexiones son tan fuertes. Si vuelve a aparecer en un panel, es posible que tenga que preguntarle si ha encontrado algún indicador al que prestar atención para encontrar estas ubicaciones.

También veo superposiciones de dos ubicaciones, como si estuviera aquí y en un barco. Están llegando mensajes que dicen que al menos 15 extraterrestres confirmados están presentes.

21 DE OCTUBRE DE 2023,

Me visitaron. Mi familia estuvo aquí. Los cuatro. No recuerdo todos los detalles, pero la imagen principal que recuerdo, vívidamente, fueron los ojos de mi esposa después de besarnos. Esperaba verlos en persona y tomar una foto familiar, pero parece que todavía está un poco fuera de mi alcance.

-censurada- hablar sobre sus experiencias y su libro pareció desencadenar respuestas en mi mente. Además de -censurado- , un hombre que era (supuestamente, por el bien del argumento, un hombre que fue enviado físicamente aquí cuando era un bebé). Un par de personas han notado que mis reacciones están aumentando y han expresado preocupaciones, algunas adoptando un enfoque religioso y aparentemente ignorando quién soy. Poco a poco estoy aprendiendo a ignorar esto, pero es un poco molesto.

-censurado-, dios me encanta el fuego de esa mujer. Tengo que llevarla a un programa pronto. De todos modos, su discurso estuvo más dirigido a las escrituras bíblicas y señaló que Yhvh no era el dios benévolo que la gente cree que es. También hubo algunos factores desencadenantes.

22 DE OCTUBRE DE 2023,

Anoche fue la discoteca y me fui porque algo me empujaba a alejarme de la escena.

Me llevaron nuevamente a bordo. Posible apertura dirigida hacia la ventana de mi hotel. Recuerdo volar con mi hijo, definitivamente es como yo. Siento que también hubo algo de lo que intentó hablarme, posiblemente sobre -censurado-... también hubo algo más que realmente no puedo captar en este momento.

Por supuesto, a partir de nuestros chats me enamoré un poco (censurado) y en lo que respecta a que las cosas evolucionen más allá de la amistad, es poco probable. Desde que me desplegaron, estaba preocupado por ella y por todos los niños que salvé y quería poder controlarlos de alguna manera. Eso es todo, aparentemente. Todavía tengo que trabajar en mi retirada. Como dice -censurado-, es un empujón constante que tengo que intentar trabajar a diario.

Pero cabe señalar que cuando me levanté esta mañana, otros en la conferencia fotografiaron probablemente naves sobre el hotel. ¡Me vieron!

23 DE OCTUBRE DE 2023

La última jornada del GSIC

-censurados- compartieron sus historias de vidas pasadas, cómo se conocieron antes, los trabajos que completaron y cómo se adaptaron a cómo se desarrollaron sus vidas. Una hermosa historia de almas gemelas y de superación de los desafíos. -censurado- habló principalmente sobre sus antecedentes y reveló un dispositivo de energía fryll.

Con -censurado-, tuve flashbacks. Algunas de las cuales incluían -censuradas-. Noté que me había enamorado un poco de ella y eso fue parte de mi influencia para elegir venir. Al parecer, parte de lo que mi hijo quería hablar. Hay un chico con el que se vinculó que es... preocupante. Una parte de mí quiere descartarlo porque mis viejos hábitos se ponen celosos, pero... realmente espero estar equivocado. Pensamientos felices, pensamientos felices. Michael no parecía preocupado, de hecho parecía gustarle -censurado-. Pero también notó algo... ella no era su madre... pero está en la Tierra y está a punto de revelarlo muy pronto.

-censurado-, yo y algunos otros nos reunimos en Outback Steakhouse para tener una última cena juntos. Fue realmente genial conectarse con ellos. Había una señora que estaba ahí que nos llamó mucho la atención, -censurada-, que tenía una presencia muy regia. la forma en que ellacaminaba, se sentaba, se portaba sola, uno esperaría que ese fuera el comportamiento de alguien con antecedentes de realeza. ¿ET? Tal vez. Parecía que ella podría haber tenido una disposición telepática y trató de llamar mi atención como tal. Tendré que volver a centrarme en lo que pasó. Probablemente debería haber cogido algo de oro monoatómico. Entre eso y tarjetas de presentación para dar cabida a todos los que me reconocieron.

Después de un par de días de regreso a la vida civil y de reflexionar sobre todo lo que pasó, publiqué un vídeo de actualización para hablar de todo lo que pasó. Cuando llegó la visita de mi hijo, comencé a recordar más de lo que habíamos hablado.

Parecía que algo le molestaba en las misiones que había estado volando con el GFW, que tenía miedo de emprenderlas por lo mucho que sabía que yo quería verlo a él, a sus hermanas y a su madre. Tanto es así que pregunté si podrían aparecer. Lo cual, como señalaron mis actualizaciones anteriores, sucedió exactamente. Mi hijo habló un poco más, al menos según lo recuerdo. Aparentemente su mente ha estado parcialmente nerviosa porque conocía mis anticipaciones para este evento y estaba ansioso por verlos. Expresó sus preocupaciones, haciendo todo lo posible para asegurarles que sí se preocupaban por mí y que, si bien siempre mantendrían una línea abierta para hablar u ofrecer ayuda cuando fuera necesario, todavía se los necesitaba en otros lugares para ayudar en la guerra.

Los Negamuk ahora están de nuestro lado, como se esperaba.

Taalihara pronto será libre.

Y cuando termine con esta vida.

Estoy de nuevo en la lucha para terminar el trabajo...

Pero esto también significa que la única persona que he estado buscando todo este tiempo está de hecho en la Tierra... pero ¿dónde?

30 DE NOVIEMBRE DE 2023

Hay algo con lo que he estado luchando desde el GSIC respecto a mis recuerdos; y la emoción no ha hecho más que intensificarse tras el -censurado- último vídeo de Star Nation. No es nada negativo, simplemente abrumador por decir lo menos. Estoy haciendo todo lo posible para tragarme mi orgullo y compartirlo, ya que esperaba recibir alguna opinión. Digamos que aquellos de ustedes que saben lo que he compartido con respecto a mi caso, probablemente sepan que este es el único punto que realmente puedo compartir. Intentaré que sea breve...

Para aquellos que no lo saben, aquí hay un breve resumen:

Soy de Taalihara, me volví rebelde y maté a un Ciakharr que estaba a punto de comerse a tres niños, me uní a GFW como médico/científico de campo después de que huí, me casé con una mujer T'Ashkeru, tuve un par de hijos, trabajé con -censurado- sobre rescates de secuestros antes de asumir el despliegue de este enviado.

Elena ha validado esto personalmente, me aseguré de consultar con ella una vez que (censurada) surgió antes de decir algo públicamente. Pude deducir todo esto siguiendo consejos (censurados) sobre cómo manejar los retiros del mercado y buscar más. Eso y encontré a una de las niñas (obviamente ahora una mujer adulta) -censurada- y la rescaté, incluso la tuve en mi programa y me mantuve en contacto con ella para ayudarla con las cosas en las que estaba trabajando.

El rescate habría tenido lugar a finales de los 80 y principios de los 90. Aparte de cuando había -censurado- el programa y era obvio que -censurado- había hecho tapping, no había visto mucho al chico desde entonces. Sin embargo, sí pareció que durante una de las apariciones -censuradas- en mi programa, -censurada- sacó una proyección holográfica de mi esposa. Ese tipo sabe un poco más de lo que deja entrever... y parecía saber que lo siento. Oh bueno, tengo que trabajar en el proceso.

Me propuse ir al GSIC porque sabía que mi amigo iba a estar allí. Ella me preguntaba si iba, pero no quería hacer falsas promesas. Obviamente logré resolver todo y tengo toda la intención de hacer el siguiente. También logré conversar con mi familia estelar y, aunque dijeron que habían estado ocupados con otras situaciones, intentarían hacer acto de presencia. No hace falta decir que cumplieron su palabra y, por sorprendente que fuera, abrió la puerta a una nueva "revelación".

Cuando hablé de mi secuestro cuando tenía seis años, algunos sugirieron que -censurado- y que tal vez tuve algo en común, en el sentido de que terminar una noche a 30 millas de casa podría haber sido un episodio de teletransportación inconsciente. Resulta que es posible que haya estado parcialmente en lo cierto. Puede que haya encontrado mi -censurado-...

Estoy aproximadamente un 70% seguro de que no solo mi esposa está en la Tierra para el despliegue de un enviado. Pero la cuestión es que, si ella está aquí, su cabeza no está tan desbloqueada o (si estoy leyendo bien) algo la está asustando y no quiere profundizar más. El hecho de que apenas cumpla 28 años el próximo mes y tenga tantas cosas claras parece ser una anomalía en sí misma.

Esto es lo que sé:

Después del rescate, -censurado- y tuve un cara a cara mientras él me atrapaba sumido en mis pensamientos. Algo en ESE rescate fue más duro que los demás. Hubo un breve período en el que tuve tiempo de poner mis asuntos en orden antes de ir a buscar a mi enviado, así que me dio tiempo para procesar todo. Le dije que solo estaba pensando en los niños y si podría encontrarlos.em mientras estaba aquí abajo. Fue entonces cuando -censurado- me dio una pista, diciendo "solo recuerda el alce". Él sonrió y me guiñó un ojo juguetonamente, su forma de decirme "pista, pista, ya lo sabes".

Mientras estuve aquí, me di cuenta de que mis hijos fueron quienes bajaron físicamente a la Tierra para llegar a mí. Mi esposa siempre nos reunía arriba... como si físicamente no pudiera bajar por miedo a alterar algo.

Habría varias "visitas" de mi esposa que se sentirían más como si estuviera reproduciendo mensajes de video en lugar de una visita física, algo parecido a la película Interstellar cuando el personaje de Matthew McConaughey miraba los mensajes desde casa.

Al trabajar con -censurado-, parece que algunas reglas se modificaron para darme un impulso para darme cuenta de que no era de la Tierra. Técnicamente no se supone que lo hagan, ya que un enviado que se dé cuenta demasiado pronto podría causar angustia psicológica. Últimamente me he dado cuenta de que mis hijos participaron en esto, encontraron lagunas conmigo. ¿Por qué harían eso? Si estoy en lo cierto, están intentando ayudar a mamá y papá a volver a estar juntos.

Trabajando con -censurado- me he dado cuenta de que parte de la razón por la que mis hijos están tratando de impulsar las cosas como hasta ahora es porque sabían que yo quería recordar. Lo deseaba lo suficiente como para ayudar a anular cualquier "bloqueo" que existiera desde el principio.

Mi amiga en cuestión, la encontré a través de Tiktok. Ella hacía videos sobre temas espirituales, de conspiración y de ET y rápidamente me impresionó cuánto trabajo puso en sus materiales. Después de un tiempo, me comuniqué con ella por correo electrónico para pedirle una entrevista. Ella también era fanática de -censurado-, así que sí, le mencioné el nombre porque -censurado- estaba programado para aparecer en Bald and Bonkers ese fin de semana. Irónicamente, este fue el episodio en el que pregunté (censurado) si técnicamente estaba teniendo una aventura con las mujeres con las que salí en la Tierra mientras técnicamente todavía estaba casado en el piso de arriba...

Mientras grababa su episodio, sorprendí a mi amiga usando CE5 y una caja espiritual para revelar su nombre real (que nunca reveló al aire). Esto la llevó a revelar una posible memoria en pantalla, algo que los investigadores ET creen que es una memoria falsa para cubrir la interacción fuera del mundo.

Mantener un registro ha sido un desafío para el equilibrio entre el trabajo, la vida y lo sobrenatural; es todo un acto de malabarismo. Sin embargo, los momentos destacados son transformadores. -censurado- dio la bienvenida al mundo a una niña, un poco retrasada pero perfectamente sana. -censurado- Con un espíritu alegre, mi madre y mi abuela jugaron con la idea de ponerle un apodo, -censurado-, en honor a su nacimiento el Día del Recuerdo de Pearl Harbor.

Sin embargo, el descubrimiento más profundo fue conocer a mi esposa estrella. Las pistas siempre estuvieron ahí, insinuando su presencia terrenal. Una vez que tuvimos la oportunidad de conocernos y vincularnos, las experiencias posteriores han sido nada menos que milagrosas. Hemos sido testigos de fenómenos inusuales, ha recibido visitas de Elaryon, e incluso los niños confirmaron que -censurada- efectivamente es una encarnación de mi Iveena. Todo esto salió a la luz durante la boda de Olivia, celebrada a bordo de una de las cuatro naves nodrizas de GFW que orbitan la Tierra, donde se casó con un hombre de Meton. Michael, aunque estaba asignado a otro lugar, asistió mediante una proyección holográfica, ya que no quería perderse el día especial de su hermana.

En la boda encontré un momento para compartir un baile lento con Iveena. Durante nuestro baile, le pregunté si la mujer que había dado un paso adelante era en realidad su representante terrenal. Abrumada por las emociones del día, Iveena lo confirmó asintiendo. Ese momento de vulnerabilidad me permitió vislumbrar su mente, revelando destellos de su vida en la Tierra, incluidos aspectos de nuestra relación actual. Algunos de estos recuerdos ya se han revelado.

Inicialmente, -censurada- tenía reservas sobre la situación extraterrestre, a pesar de su fascinación por lo sobrenatural y su mente abierta. La idea de tener otra familia en algún lugar puede alterar las creencias más fundamentales sobre la vida. Sé que a mí me pasó lo mismo cuando tenía sólo doce años. La comprensión de que ella podría ser la enviada de mi esposa celestial me trajo una avalancha de recuerdos que todavía estoy tratando de procesar.

Parece que en cada momento que tengo la oportunidad de sentarme y procesar algo nuevo ha surgido. El simple hecho de establecer una conexión interpersonal con -censurado- ha fortalecido la conexión con la familia espacial. Las comunicaciones parecen mucho más fuertes, mi yo astral ha sido fotografiado en una manifestación parcial e incluso las voces pueden ser interceptadas mediante interferencias de transmisión de radio. Además de conseguir de alguna manera el afecto de una mujer verdaderamente hermosa que había pasado dieciséis años tratando de encontrar, sólo por ver que ella es real, la verdad sobre quién soy está saliendo a la luz.

Oh, cómo podría seguir hablando de esta dama, ella es realmente increíble. Ojalá se cumpla la promesa que le hice a Olivia de seguir luchando siempre porque "mamá va a necesitar que la ayude"."p her", es de naturaleza mucho más alegre de lo que temía. -censurada- ha mostrado una capacidad inmaculada para ver las almas y las mentes de los demás, aunque se encuentra dudando de la legitimidad de lo que ve. En algunos En muchos sentidos, esto me recuerda a ocasiones en las que diría que mi pareja ideal sería similar a la serie de televisión Ghost Whisperer. Esta mujer es simplemente perfecta, incluso si las circunstancias sobrenaturales que nos rodean no hubieran limitado nuestra atención, creo firmemente que todavía lo haría. enamorarse de ella.

Pero ahora que lo pienso, ¿esto técnicamente nos coloca en una paradoja del bootstrap? Técnicamente, los niños, y nosotros mismos, provienen de un punto aproximadamente 300 años en el futuro de este planeta. Probablemente sea mejor no pensar demasiado en ello en este momento... es un poco de dolor de cabeza. Si la visión que tuve de proponerle matrimonio en esta vida se hace realidad... bueno, sería el bastardo más afortunado del mundo.

Ah, sí, antes de pasar a otros aspectos que han salido a la luz, ahora tenemos cuatro hijos junto a la estrella. Tres niñas y un niño... curiosamente, cuando -censurados- y a mí nos mostraron el bebé, mi suegra celestial de Sirio B y nuestra hija mayor decidieron visitar al enviado de mi esposa estelar para asegurarse su salud no se vio afectada. Después de una discusión -censurada- sugerimos llamar a la nueva bebé Lily.

Parece que algo sobre cuán fuerte es nuestra conexión podría causar dolencias físicas a veces... da un poco de miedo pensar en ello. Pero aseguran que todo transcurrirá sin incidentes. Probablemente por eso tomó tanto tiempo hasta que salieran a la luz otros aspectos de la historia de mi homólogo.

También han salido a la luz revelaciones sobre Elaryon. Durante sus días dentro del régimen de Taal Shiar, parece que mi otro yo estaba entre un grupo de soldados enviados para infiltrarse en el régimen nazi. Pensé que había reconocido los símbolos nazis durante las sesiones de recuerdo, pero no podía creer lo que estaba viendo. El 1 de julio, -censurado- publicó un video sobre Maria Orsic y cómo había sido manipulada para proporcionarle a este planeta planos para construir naves sofisticadas. Esta inserción, este acto de infiltración, explicaría por qué su imagen provocó recuerdos de estar en una habitación oscura recibiendo instrucciones de una misión, y de que a nosotros, los soldados, nos dijeron que esta mujer fue utilizada y que iban a matarla.

El vídeo mencionado (censurado) afirma que se llegaron a acuerdos entre el Taal Shiar y el Tercer Reich en algún momento antes de 1940. Lo que lo hace interesante es el hecho de que encontré dos fotos (probablemente más) de Hitler caminando por los terrenos durante los mítines de Nuremberg con fecha de 1927 y 1936 que muestran a un individuo que se parece mucho a un joven Elaryon (una de las fotos que se muestra arriba, mira al caballero detrás de Hitler mirando directamente a la cámara).

El hecho de que los Taal sean quizás la especie más cercana a los humanos en este planeta, les resulta un poco más fácil caminar entre nosotros sin ser notados. El hecho de que aparentemente Elaryon haya pasado algún tiempo en la Tierra me da la oportunidad de reunir evidencia realmente increíble en un marco de tiempo lineal.

Pero a pesar del tremendo progreso logrado, debo reportar una pérdida. Mi cómplice de Bald and Bonkers y yo ya no existimos. Habíamos estado a la deriva durante algún tiempo, llegando a las manos sobre cómo hacer los programas, y en conversaciones privadas una percibida falta de respeto personal y un afán por generar drama me llevaron al límite. Ya terminé, pero le deseo lo mejor en sus esfuerzos. Solo desearía, con los aspectos restantes del parentesco que sentí cuando nos hicimos amigos por primera vez, que él fuera más honesto.

Los problemas comenzaron hace un tiempo cuando sospeché que estaba tratando intencionalmente de engañar y manipular los eventos que rodeaban a mi contacto ET, tratando de alejarme de aquellos que realmente proporcionaban información útil y dudaban de su sinceridad. El imbécil no tenía ni idea de que lo tenía bajo vigilancia. Una parte de mí es capaz de descartar eso como un malentendido, hasta que resultó obvio que una vez más estaba buscando aumentar su propio ego con falsos pretextos y me mintió en la cara cuando tuve la evidencia. Tal vez con el tiempo encuentre el corazón para reparar ese puente, pero es mejor que tomemos caminos separados.

8 DE AGOSTO DE 2024

Visita a un planeta parecido a Dune, se produce una intensa batalla después del impacto de un meteorito azul verdoso, invadido por soldados blancos con apariencia de robot Terminator. Debía haber estado ausente al menos dos meses, en el espacio-tiempo. En el tiempo lineal de la Tierra, podrían haber parecido sólo unos pocos minutos. Realmente tengo que sentarme en esto. Publiqué una grabación de Intergalactic Gigolo para marcar públicamente la hora de este incidente hasta que a alguien dentro de mi red se le ocurra algo relacionado.

2 DE SEPTIEMBRE DE 2024

En el canal de YouTube -censurado- se discuten las relaciones diplomáticas que involucran a los -censurados-. La descripción de esta raza definitivamente parece ser un candidato viable para residir en el planeta tipo Dune. He discutido esta conexión un poco en detalle en el nuevo segmento de Bald and Bonkers que titulé Intergalactic Gigolo. El listado completo de Intergalactic GLos episodios de igolo se pueden encontrar: (9-5-8)

SEPTIEMBRE - OCTUBRE, 2024

La entrada final para este texto...

Dejo esto como registro para que el lector sepa que este no es el final de la historia; Se descubre mucho más casi a diario y ha sido bastante difícil para mí simplemente mantenerme al día. Hay más entradas que agregaré con el tiempo, con suerte haciendo que las cosas sean comprensibles para el hombre común. También hay un asunto sobre el cual juro guardar secreto hasta nuevo aviso. Han tenido lugar más interacciones con mi familia estelar, incluida la revelación de que mi hija celestial mayor está embarazada al momento de escribir esto. Así es, voy a ser abuelo. ¡No tengo ni treinta años!

En las últimas dos semanas, he tenido gente que quiere volver a mis días de caza de recompensas después de que se produjeron redadas policiales y se encontraron restos humanos en condiciones similares a las de un caso en el que trabajé hace años. También he estado buscando una mascota ilegal, kinkajou, que algún imbécil abandonó y dejó en libertad, con la esperanza de capturar y transportar a la criatura a algún lugar donde pueda recibir el cuidado adecuado antes de que llegue oficialmente el invierno. A principios de octubre se encontró a la criatura, débil por falta de alimento pero en general sana.

En los últimos días de septiembre, también estoy intentando un pequeño experimento que involucra un evento organizado en Colorado para ver si mis paseos con mi familia estrella serían vistos por más testigos. Hasta ahora parece muy probable, pero el agotamiento por no mantener adecuadamente el régimen de ejercicio me está dejando con dolencias físicas. Nada que un poco de R&R no pueda solucionar. Fue organizado por (censurado) para que aparecieran varias embarcaciones, y mi hijo era uno de los pilotos. Según mi cuenta, había al menos quince naves separadas, algunas de las cuales utilizaban drones para lograr un efecto adicional. Podría estar malinterpretando lo que había visto, desearía estar físicamente en el lugar para verlo más de cerca, pero mis prioridades han cambiado mucho en el último año.

Había escuchado susurros sobre un avistamiento masivo organizado, un pequeño grupo de naves y tal vez uno avanzado desde la Tierra basado libremente en naves ET. La infame nave antigravedad TR-3B, para ser exactos. Oficialmente no existen. Aquí en Idaho he sido testigo personalmente de uno, al igual que cientos de personas más en un avistamiento masivo de ovnis que permaneció fuera de los sitios web de los medios de comunicación. La razón principal por la que me notificaron fue por mis contactos en las autoridades locales.

Volviendo al evento, el experimento de visualización remota fue un éxito de mi parte. Las multitudes fueron un poco más... excéntricas esta vez. Lo cual es bueno, hasta cierto punto, no quieres que personas tóxicas arruinen el ambiente de un evento importante. Hizo que fuera un poco más difícil concentrarse, ya que había muchos factores en juego. Durante el apogeo del evento, recuerdo haber podido ver al menos 15 embarcaciones. El supuesto TR-3B parecía demasiado "elegante", lo que me llevó a creer que podría haber sido un modelo más nuevo de la misma "familia" de naves. Tuve que retirar un poco de mis esfuerzos porque había desarrollado una migraña por el cansancio... mi vida personal ha sido un poco caótica. Entre reconstruir Bald and Bonkers desde cero después de romper con mi antiguo socio, mantener relaciones personales, volver al campo para una serie de operaciones e incluso expandirme a nuevas vías... es seguro decir que todavía tengo Todavía queda bastante por crecer.

Creo que debería terminar este libro con una última sección...

Como de costumbre, cada vez que intento sentarme y escribir mi historia de alguna forma, siempre sucede algo que llama mi atención. A decir verdad, es posible que tenga que dejar pasar este evento en particular. En la inmensidad del espacio he recibido la noticia y puedo comprobarlo con mis propios ojos: mi hija Olivia ha dado la bienvenida al mundo a su primer hijo. Revelada en un episodio de "Intergalactic Gigolo", es una niña llamada Emily.

Entre esto y el hecho de que mi hijo esté "comprometido" con una posible mujer Zygon (según su apariencia física), que me deja llamarla cariñosamente "Viv", la familia sigue creciendo.

No podría estar más orgulloso de mis hijos. Ireena es casi una adolescente ahora y la bebé Lily no es tanto un bebé sino que está creciendo hasta convertirse en una joven adecuada. Seguro que todo el viaje en el tiempo, estar con dos personas a través del espacio al mismo tiempo, hace que las cosas sean un poco confusas... pero todo es amor.

CHAPTER 1

Reflexiones del especialisto

"En el momento y la fecha en que escribo esta carta, han pasado casi veintidós años desde que me encontré cara a cara con seres que no son del mundo. Medindo desde este momento en el tiempo, han pasado más de dieciséis años desde que supe que No estaba solo en este universo. Trece desde que comencé a hacerlo público, pero solo cuatro para reconocer verdaderamente lo que estaba buscando y solo han pasado unos pocos meses desde que encontré a la única persona que he estado tratando de encontrar. "Solo tengo veintiocho años".

Esto fue de una conversación que tuve con mi novia, la enviada confirmada de mi esposa celestial Iveena. Se mantuvo como un testimonio de cuánto de mi vida estaba ligada a lo sobrenatural, cuánto de ella estaba encapsulada al tratar de entender lo que me estaba sucediendo, pero lo más importante, tratar de encontrar a una mujer que temía que fuera la ilusión de una mente perdida. . Afortunadamente, las probabilidades de tal desvío se han considerado casi nulas, al menos desde la perspectiva en la que me encuentro.

Antes, el fenómeno OVNI no era algo a lo que le prestara mucha atención, pero a medida que me he abierto más a él, todavía hay elementos que me preocupan. Esto incluye las actuales disputas del público y las creencias cuasi religiosas que algunos grupos han integrado en sus puntos de vista. Un recuerdo particularmente angustioso para mí es cómo, durante mis días escolares, los niños usaban la historia de David y Goliat para provocarme conflictos debido a mi altura. Me he dado cuenta de que no soy el único en mi familia que sufre experiencias así.

Hay muchas cosas que he decidido no revelar aquí, en parte por respeto a la privacidad de los demás y en parte porque nunca fui bueno documentando ciertos eventos de la vida. Había cosas que deseaba desesperadamente olvidar, escapar de ellas y cortar todo vínculo con ellas. Sorprendentemente, involucrarme con el fenómeno OVNI me obligó a confrontar estas partes de mi pasado; era como si estuviera aprendiendo a deshacerme de hábitos de vidas pasadas. La experiencia fue extraña y abrumadora, y no hay palabras para describirla completamente. Por primera vez, me sentí como si estuviera al revés, obligado a enfrentar la verdad que me devolvía la mirada en el espejo.

Hubo momentos en los que desearía estar todavía "arriba", como muchos de mis amigos/mentores se refieren al espacio. Allí arriba yo era un guerrero y sanador, padre de cuatro hermosos hijos, un marido bastardo afortunado de una de las mujeres más sexys que he visto en mi vida, tenía amigos... había amor y respeto mutuos. Mientras estaba dando los toques finales a este texto... Olivia tuvo su propia niña. Ahora también soy abuelo.

El conflicto todavía existía, pero era por motivos morales más que por beneficio personal.

¿Aquí abajo? Sentí que todos me odiaban, más un fantasma que los espíritus de la noche. La gente, consciente de su propia estatura, asumía que como yo era más grande y más alto que ellos, constantemente menospreciaba a todos. Dado que ahora mido 6'7", es sólo en el sentido literal porque matemáticamente hablando, sólo el 0,01% de las personas en los Estados Unidos son más altas que yo. Me juzgaron por aspectos de mí mismo que no podía cambiar. Mi propia madre y mi abuela amenazaría con jugar la carta de víctima e involucrar a la policía cada vez que yo estuviera visiblemente molesto solo para afirmar su dominio sobre mí. Admito que a veces puedo ser un imbécil, algo en lo que he estado trabajando, pero tanto como yo. Estoy igualmente agradecido por todo lo que han hecho para ayudarme a llegar tan lejos como he llegado en la vida; que la gente en la que se supone que debes confiar se vuelva contra ti de esa manera deja una marca.

Algunos probablemente intentarán decir que no debería mencionar ese aspecto, mantener el drama familiar en la familia. En algunos aspectos puede que tengan razón, pero reconocer lo que pasó y cómo mi propia mente logró interpretarlo todo es un paso que debo dar para asegurarme de que las heridas que quedaron sanen. Si al salir y reconocer estas verdades logro ayudar a otros que pasan por experiencias similares, entonces al menos he hecho algo bueno. Las sugerencias de los recuerdos también permitieron que afloraran ciertos eventos que reprimí; como mi propio padre tratando de agredirme sexualmente, otros miembros de la familia amenazándome con violencia sexual o mi madrastra posiblemente exponiéndome al LSD a una edad temprana.

No voy a desperdiciar estas páginas expresando mis quejas; futuras ediciones de este texto que puedan tener información actualizada podrían hacerlo. Esto es para admitir algo ante mí mismo, tal vez dejar las cosas claras. Esto es para ayudar a otras personas que tuvieron dificultades para contar sus propias historias a encontrar inspiración para hablar. Las extraordinarias afirmaciones que he hecho sobre encuentros de otro mundo han sembrado la suposición de que busco fama y fortuna; que debería asignar mi tiempo y recursos a asuntos terrenales en lugar de prestar atención a las frecuentes extrañezas en mi vida. Otros supusieron que yo no había intentado llevar una vida humana normal, sin haber hecho preguntas personales para llegar a tales conclusiones.

He llegado a la conclusión y estoy más que feliz de admitir que puedoSe ha demostrado que está equivocado, que muchos han desarrollado la noción de que todo lo que ven pegado a una superficie bidimensional es la historia completa. Lo cual a mí me parece... flojo. ¿Cómo es posible poner todo lo que pasaron, su base de conocimientos, sus experiencias, sus sentimientos, cada activo de la experiencia humana en una superficie plana? ¿Ponerlo todo en un vídeo de YouTube? ¿Un vídeo de Tiktok o un tweet? Las novelas pueden ser una de esas formas, pero hay mucho que uno puede expresar con palabras. Basándose en tales ejemplos para formular el individuo completo; pensamientos, sentimientos, ideas, anhelos, necesidades, anhelos y todo lo que constituye a la persona.

Hay un par de cosas hechas en este texto que podrían generar algunas preguntas por parte de la audiencia; especialmente considerando cuántos llegaron a saber de mí. Mi censura de nombres fue una decisión para respetar la privacidad de los demás involucrados, ya que encontrar tiempo para solicitar los permisos adecuados se convirtió en un poco complicado. También fue una elección seguir mi preferencia de trabajar solo y evitar ciertos dramas para concentrar más mi energía en la tarea en cuestión, para concentrarme más en aquello en lo que sentía que podía hacer el mayor bien. Por mucho que no debería sentir ninguna responsabilidad real por ayudar a mi hermana a cuidar a su hija, no ser parte de la vida de esa niña simplemente se siente mal... especialmente con lo apegado que me he vuelto.

Las cosas que logré hacer en esta vida son por mi propia voluntad, y aunque siempre estaré eternamente agradecido por la ayuda que otros me han brindado en el camino, me canso de que se desestime que ciertas conclusiones se deben a que "ellos" las predicaron. Soy soberano en mis esfuerzos, abierto a la colaboración, pero lo que ven de mí es obra mía y no de ningún tipo de gestión.

Elegí seguir y estudiar las obras de ciertas personas porque, al seguir sus consejos, ocurrieron acontecimientos aún más extraordinarios que me convencieron de su legitimidad. De todas las "pruebas" que logré compilar con mi investigación, fueron las que superaron todas las expectativas. Es sólo un subproducto de las conversaciones que tuvieron lugar. Considero el honor y el privilegio de llamar a estas personas mis amigos. Indirectamente he hecho referencia a sus trabajos, principalmente al identificar los nombres de las especies extraterrestres, para dar más especificación sobre qué tipo de entidades me he encontrado en lugar de las etiquetas genéricas como "pleyadianos", "arcturianos", etc. que se ven en la mayoría de los círculos de la nueva era. Simplemente parecía más respetuoso de esa manera, y de ninguna manera es un intento de intentar robar el material de algunas de las personas más inteligentes que conozco.

Entré en esto simplemente tratando de encontrar a mi familia, entender lo que estaba pasando y tal vez ayudar a otros en el camino. ¿Ha habido errores? Absolutamente, en algunos lugares sentí como si me hubiera estrellado la cara con fuerza contra una pared de ladrillos. Pero estos errores son parte del aprendizaje. Y aunque no necesariamente estoy de acuerdo con cómo ciertas personas pueden hacer sus negocios y cómo presentan esta información... también tuve tiempo de interactuar con ellos lo suficiente como para saber que su razón viene del corazón. En todo caso, ese hecho por sí solo importa más que todo lo demás.

Digo esto porque si bien este segmento se titula "Reflexiones" hay una declaración que deseo hacer. El hecho de que hayas leído este libro no significa que conozcas la historia completa. Es posible que algún día decida volver a publicar este texto con aún más entradas agregadas que podrían cambiar toda la narrativa. Mi historia está lejos de terminar, y elegir sustituir la interacción humana por el alcance de los materiales que publiqué sólo generará mayor confusión. Créanme, una parte de mí todavía se retuerce un poco con todo lo que pasa.

Mi próxima nueva incorporación a la colección de libros que he escrito para ayudar a dar sentido a mis desventuras se titulará "Compendio Frandsen-Files" y profundizará en el lado de la investigación de diversas interacciones. Teorías, descubrimientos, análisis de incidentes; lo que sea, espero tenerlo. Mi inclusión de imágenes generadas por inteligencia artificial fue estrictamente para fines ilustrativos, aunque planeo revitalizar algunas ideas antiguas para crear mis propios programas de inteligencia artificial. Las primeras etapas de estos también están en marcha.

Puede que dirija mi propia empresa y obviamente tenga cuentas que pagar, pero no busco fama o fortuna con mis esfuerzos. Los números en las redes sociales pueden brindar una sensación de credibilidad y desbloquear nuevas vías, y mentiría si no me hubiera emocionado demasiado cuando me pidieron que hiciera entrevistas y cosas así, pero ese no es el legado que quiero dejar. Hago lo que hago porque lo disfruto. Hago lo que hago porque me parece la mejor manera de ayudar a otros a salir de su caparazón y compartir sus historias para que se produzca el cambio. Me expuse, como lo hago, porque parecía la mejor manera de llegar a otras personas que se convencieron de que están solas... algo de lo que sé demasiado.

¿Pero quizás esa sea la principal lección de todo esto? Que nunca estamos realmente solos y que somos capaces de mucho más. Que alguien, en algún lugar, en este infinitoEl fragmento de la creación es siempre alguien que siente por ti, se preocupa por ti y quiere que prosperes. El día en que se comprenda lo que se necesitó, lo que se necesita, para que estos seres estén en este momento con nosotros; Será el día en que la humanidad en esta Tierra realmente habrá evolucionado. ¿En cuanto a qué potencial acecha?

Eso lo decides tú. Cualquiera puede darte información sobre lo que hay en el universo, pero ¿qué harás con esa información para ayudar a otros?

La única limitación es la imaginación.

Más información

Lea "Querido Kota: Es hora de confesar" para descubrir el primer intento literario de Dakota de comprender su extraña vida; disponible en librerías online

Es posible que en el futuro se publiquen nuevas ediciones de este texto que brinden más detalles de los incidentes descritos.

¡Esté atento al "Compendio FrandsenFiles!"